RELATION OFFICIELLE
DU VOYAGE ET DES RÉCEPTIONS
DE LA DÉLÉGATION
DU CONSEIL MUNICIPAL DE PARIS
EN ITALIE

AVRIL 1904

PARIS
IMPRIMERIE NATIONALE

MDCCCCVI

RELATION OFFICIELLE
DU VOYAGE ET DES RÉCEPTIONS
DE LA DÉLÉGATION
DU CONSEIL MUNICIPAL DE PARIS
EN ITALIE

RÉPUBLIQUE FRANÇAISE

LIBERTÉ, ÉGALITÉ, FRATERNITÉ

CONSEIL MUNICIPAL
DE PARIS

RELATION OFFICIELLE

DU VOYAGE ET DES RÉCEPTIONS

DE LA DÉLÉGATION

DU CONSEIL MUNICIPAL DE PARIS

EN ITALIE

AVRIL 1904

PARIS
IMPRIMERIE NATIONALE

MDCCCCVI

ADMINISTRATION DE LA VILLE DE PARIS
ET DU DÉPARTEMENT DE LA SEINE.

PRÉFET DE LA SEINE : M. DE SELVES.

Secrétaire général de la Préfecture de la Seine : M. AUTRAND.
Directeur du Cabinet du Préfet de la Seine : M. Armand BERNARD.

PRÉFET DE POLICE : M. LÉPINE.

Secrétaire général de la Préfecture de Police : M. LAURENT.

SERVICES ADMINISTRATIFS.

Directeur des Finances : M. DESROYS DU ROURE.
Directeur de l'Enseignement primaire : M. BEDOREZ.
Directeur de l'Assistance publique : M. MESUREUR.
Directeur de l'Octroi : M. QUENNEC.
Directeur du Mont-de-Piété : M. DUVAL.
Directeur des Affaires municipales : M. MENANT.
Directeur des Affaires départementales : M. DEFRANCE.
Directeur des Travaux : M. DE PONTICH.
Directeur des Services d'Architecture & des Promenades : M. BOUVARD.
Directeur du Personnel : M. DE METZ.
Directeur de l'Inspection administrative & du Contentieux : M. DEROUIN.

SERVICES TECHNIQUES.

Service de la Voie publique : M. BOREUX, *inspecteur général des ponts & chaussées.*
Service de l'Assainissement : M. BECHMANN, *ingénieur en chef des ponts & chaussées.*
Services départementaux : M. HETIER.

SECRÉTARIAT DES CONSEILS MUNICIPAL ET GÉNÉRAL.

Directeur : M. F.-X. PAOLETTI.

BUREAU

DU

CONSEIL MUNICIPAL DE PARIS.

(ÉLU À L'OUVERTURE DE LA PREMIÈRE SESSION ORDINAIRE DE 1903.)

PRÉSIDENT :

M. Alphonse DEVILLE.

VICE-PRÉSIDENTS :

MM. L. ACHILLE,
BUSSAT.

SECRÉTAIRES :

MM. E.-J. POIRY,
Pierre MOREL,
MOSSOT,
BARILLIER.

SYNDIC :

M. Léopold BELLAN.

LISTE ALPHABÉTIQUE

DE

MM. LES MEMBRES DU CONSEIL MUNICIPAL DE PARIS.

MM.

ACHILLE, négociant, *quartier des Archives* (IIIe arrondissement), rue du Temple, 178.

ALPY, docteur en droit, avocat à la Cour d'appel, *quartier de l'Odéon* (VIe arrondissement), rue Bonaparte, 68.

ARCHAIN, correcteur-typographe, *quartier Saint-Fargeau* (XXe arrondissement), rue Pelleport, 165.

AUFFRAY (Jules), avocat à la Cour d'appel, *quartier de la Sorbonne* (Ve arrondissement), boulevard Raspail, 127.

BALLIÈRE, architecte, *quartier de Clignancourt* (XVIIIe arrondissement), rue Caulaincourt, 123.

BARANTON, avocat à la Cour d'appel, *quartier Notre-Dame* (IVe arrondissement), rue Michel-Chasles, 3.

BARILLIER, marchand boucher, *quartier Rochechouart* (IXe arrondissement), avenue Trudaine, 27.

BELLAN, négociant, *quartier du Mail* (IIe arrondissement), rue des Jeûneurs, 30.

BERTHAUT, facteur de pianos, *quartier de Belleville* (XXe arrondissement), rue des Couronnes, 122.

BERTROU (Gabriel), avocat à la Cour d'appel, *quartier Gaillon* (IIe arrondissement), rue de Lisbonne, 11.

BRENOT, industriel, *quartier Sainte-Avoye* (IIIe arrondissement), allée Verte, 4, & rue Saint-Sabin, 58.

BROUSSE (Paul), docteur en médecine, *quartier des Épinettes* (XVIIe arrondissement), avenue de Clichy, 81.

BUSSAT, représentant de commerce, *quartier de la Chapelle* (XVIIIe arrondissement), boulevard de la Chapelle, 14.

CAIRE (César), docteur en droit, avocat à la Cour d'appel, *quartier de l'Europe* (VIIIe arrondissement), rue de Constantinople, 39.

CAPLAIN, *quartier de la Muette* (XVIe arrondissement), chaussée de la Muette, 6.

CARON (Ernest), avocat, ancien agréé, *quartier Vivienne* (IIe arrondissement), rue Saint-Lazare, 80.

CARON (Julien), mécanicien, *quartier Bonne-Nouvelle* (IIe arrondissement), rue Greneta, 23.

CHASSAIGNE-GOYON, docteur en droit, avocat, *quartier du Faubourg-du-Roule* (VIIIe arrondissement), rue La Boëtie, 110.

CHAUSSE, ébéniste, *quartier Sainte-Marguerite* (XIe arrondissement), boulevard Diderot, 152.

CHAUTARD, docteur ès sciences, *quartier Necker* (XVe arrondissement), rue Olivier-de-Serres, 15.

CHÉRIOUX (Adolphe), entrepreneur de maçonnerie, *quartier Saint-Lambert* (XVe arrondissement), rue de l'Abbé-Groult, 95.

CHÉROT, docteur en médecine, *quartier du Val-de-Grâce* (Ve arrondissement), rue de la Sorbonne, 2.

COLLY, imprimeur, *quartier de Bercy* (XIIe arrondissement), rue Baulant, 11.

DAUSSET (Louis), agrégé de l'Université, *quartier des Enfants-Rouges* (IIIe arrondissement), rue Béranger, 6.

Baron DESPATYS, ancien magistrat, *quartier de la Place-Vendôme* (Ier arrondissement), place Vendôme, 22.

DESPLAS, avocat, *quartier du Jardin-des-Plantes* (v^e^ arrondissement), rue de l'Arbalète, 34.

DEVILLE, avocat à la Cour d'appel, *quartier Notre-Dame-des-Champs* (VIe arrondissement), rue du Regard, 12.

DUBUC, ingénieur civil, *quartier des Arts-et-Métiers* (IIIe arrondissement), rue Meslay, 31.

DUVAL-ARNOULD, docteur en droit, avocat à la Cour d'appel, *quartier Saint-Germain-des-Prés* (VIe arrondissement), rue de Rennes, 95.

ESCUDIER (Paul), avocat à la Cour d'appel, *quartier Saint-Georges* (IXe arrondissement), rue Moncey, 20.

EVAIN, avocat à la Cour d'appel, *quartier d'Auteuil* (XVIe arrondissement), rue Michel-Ange, 68.

FAILLET, comptable, *quartier de l'Hôpital-Saint-Louis* (X^e^ arrondissement), boulevard de la Villette, 57.

FORTIN, ancien papetier-imprimeur, *quartier de Chaillot* (XVIe arrondissement), rue de l'Université, 107.

FOURSIN (Pierre), *quartier de la Goutte-d'Or* (XVIIIe arrondissement), rue Doudeauville, 66.

FRIBOURG, employé, *quartier de Picpus* (XIIe arrondissement), boulevard de Reuilly, 40.

FROMENT-MEURICE (François), industriel, *quartier de la Madeleine* (VIIIe arrondissement), rue d'Anjou, 46.

GALLI (Henri), homme de lettres, *quartier de l'Arsenal* (IVe arrondissement), rue de Courcelles, 111 *bis*.

GAY, publiciste, *quartier de la Porte-Dauphine* (XVIe arrondissement), rue de Sfax, 4.

GELEZ, employé, *quartier Saint-Ambroise* (XIe arrondissement), rue du Chemin-Vert, 99.

Girou (Georges), administrateur commercial, *quartier de la Porte-Saint-Denis* (x^e^ arrondissement), boulevard de Strasbourg, 71.

Grébauval (Armand), homme de lettres, *quartier du Combat* (xixe arrondissement), rue de la Villette, 47.

Hénaffe, graveur, *quartier de la Santé* (xive arrondissement), rue de la Tombe-Issoire, 36.

Houdé, industriel, *quartier de la Porte-Saint-Martin* (x^e^ arrondissement), rue Albouy, 29.

Jousselin, rentier, *quartier des Ternes* (xviie arrondissement), avenue Mac-Mahon, 35.

Lajarrige, chaudronnier en cuivre, *quartier du Pont-de-Flandre* (xixe arrondissement), rue de Flandre, 130.

Lambelin (Roger), publiciste, *quartier des Invalides* (viie arrondissement), rue Saint-Dominique, 30.

Landrin, ciseleur, *quartier du Père-Lachaise* (xxe arrondissement), rue des Prairies, 81.

Le Menuet (Ferdinand), *quartier Saint-Germain-l'Auxerrois* (1er arrondissement), rue de Rivoli, 67.

Levée, industriel, *quartier du Palais-Royal* (1er arrondissement), rue de Rivoli, 176.

Marsoulan, fabricant de papiers peints, *quartier du Bel-Air* (xiie arrondissement), rue de Paris, 90-92, à Charenton (Seine).

Mery (Gaston), homme de lettres, *quartier du Faubourg-Montmartre* (ixe arrondissement), rue de La Tour-d'Auvergne, 44.

Mithouard (Adrien), homme de lettres, *quartier de l'Ecole-Militaire* (viie arrondissement), place Saint-François-Xavier, 10.

Moreau (Alfred), corroyeur, *quartier Croulebarbe* (xiiie arrondissement), boulevard Arago, 38.

MOREAU (Ernest), forgeron, *quartier de Grenelle* (XVe arrondissement), rue Violet, 39.

MOREL (Pierre), employé, *quartier des Quinze-Vingts* (XIIe arrondissement), boulevard Diderot, 84.

MOSSOT, négociant en vins, *quartier de la Salpêtrière* (XIIIe arrondissement), rue Lebrun, 11.

NAVARRE, docteur en médecine, *quartier de la Gare* (XIIIe arrondissement), avenue des Gobelins, 30.

OPPORTUN, ancien commerçant, *quartier Saint-Merri* (IVe arrondissement), rue des Archives, 13.

OUDIN (Adrien), avocat à la Cour d'appel, *quartier de la Chaussée-d'Antin* (IXe arrondissement), rue Lafayette, 18.

PANNELIER, photographe, *quartier de Plaisance* (XIVe arrondissement), avenue du Maine, 76.

PARIS, ouvrier charron, *quartier de la Villette* (XIXe arrondissement), rue de Flandre, 33.

PATENNE, graveur, *quartier de Charonne* (XXe arrondissement), rue des Pyrénées, 89.

PIPERAUD, ancien chef d'institution, *quartier Saint-Gervais* (IVe arrondissement), rue de Sévigné, 12.

POIRIER DE NARÇAY, docteur en médecine & homme de lettres, *quartier du Petit-Montrouge* (XIVe arrondissement), rue d'Alésia, 81.

POIRY, peintre d'enseignes & décorateur, *quartier de Javel* (XVe arrondissement), rue des Bergers, 16.

PUGLIESI-CONTI, avocat à la Cour d'appel, *quartier de la Plaine-Monceau* (XVIIe arrondissement), avenue de Villiers, 19.

QUENTIN (Maurice), docteur en droit, avocat à la Cour d'appel, *quartier des Halles* (Ier arrondissement), rue du Louvre, 44.

QUENTIN-BAUCHART, avocat & homme de lettres, *quartier des Champs-Elysées* (VIIIe arrondissement), rue François-Ier, 31.

RANSON, représentant de commerce, *quartier du Montparnaße* (XIVe arrondissement), rue Froidevaux, 6.

RANVIER, peintre éventailliste, *quartier de la Roquette* (XIe arrondissement), rue Camille-Desmoulins, 3.

RENDU (Ambroise), docteur en droit, avocat à la Cour d'appel, *quartier Saint-Thomas-d'Aquin* (VIIe arrondissement), rue de Lille, 36.

ROUSSEL (Félix), docteur en droit, avocat à la Cour d'appel, *quartier de la Monnaie* (VIe arrondissement), rue des Saints-Pères, 11.

ROUSSELLE (Henri), commissionnaire en vins, *quartier de la Maison-Blanche* (XIIIe arrondissement), rue Hallé, 34.

ROUSSET (Camille), éditeur, *quartier Saint-Vincent-de-Paul* (X^e arrondissement), rue Lafayette, 114.

ROZIER (Arthur), employé, *quartier d'Amérique* (XIXe arrondissement), rue Compans, 60.

SAUTON, architecte, *quartier Saint-Victor* (V^e arrondissement), place Maubert, 3.

SOHIER, *quartier des Batignolles* (XVIIe arrondissement), boulevard de Courcelles, 87.

SPRONCK (Maurice), avocat à la Cour d'appel, *quartier du Gros-Caillou* (VIIe arrondissement), rue Saint-Dominique, 116.

TUROT, publiciste, *quartier des Grandes-Carrières* (XVIIIe arrondissement), rue d'Orsel, 47 *ter*.

WEBER (Joseph), représentant de commerce, *quartier de la Folie-Méricourt* (XIe arrondissement), rue d'Angoulême, 37.

AVANT-PROPOS.

Sur l'invitation de nombreuses Municipalités italiennes, le Bureau du Conseil municipal de Paris envoya, au mois d'avril 1904, une délégation chargée de visiter les principales villes d'Italie & de représenter la Ville de Paris aux fêtes organisées. à Rome pour la réception de M. Émile Loubet, Président de la République, par LL. MM. le Roi & la Reine d'Italie.

De même qu'il avait consacré, par un document officiel destiné à prendre place à côté des comptes rendus des grandes réceptions & fêtes données par la Ville de Paris, le souvenir du voyage qu'il avait fait en Rußie pour aßister à la célébration, au mois de mai 1903, du deuxième Centenaire de la fondation de Saint-Pétersbourg, le Bureau voulut établir la relation des belles fêtes qui marquèrent le paßage, dans les cités italiennes, des représentants de la Ville de Paris.

Ce travail fut confié à M. Jules Dauly, chef de bureau du Secrétariat du Conseil municipal, qui avait accompagné la Délégation.

Les discours & toasts prononcés au cours de ce rapide voyage & qui étaient naturellement improvisés, n'ont été recueillis que rarement & d'une façon incomplète — en raison de la différence des langues — par la sténographie. On n'en a, en général, retrouvé que des analyses un peu imparfaites dans les journaux locaux du moment. Il a paru, toutefois, qu'en reprenant & en rapprochant ces analyses, on donnerait plus exactement la physionomie, le caractère & l'impression produite dans les diverses cérémonies qu'en essayant une reconstitution qui, tardive, ne saurait même être plus précise.

L'impression typographique de cette relation a été exécutée par l'Imprimerie Nationale, qui y a apporté son soin habituel; les reproductions par l'héliogravure sont l'œuvre de M. Wittmann.

RELATION OFFICIELLE

DU VOYAGE ET DES RÉCEPTIONS

DE LA DÉLÉGATION

DU CONSEIL MUNICIPAL DE PARIS

EN ITALIE.

DÉPART DE LA DÉLÉGATION.

Pendant le séjour, à Paris, de LL. MM. le Roi & la Reine d'Italie, au mois d'octobre 1903, le Bureau du Conseil municipal eut le plaisir de recevoir à l'Hôtel de Ville le Prince Prospero Colonna, syndic de Rome; le Comte Rasponi, membre de la Junte municipale de Rome, & M. Philipson, conseiller municipal de Florence.

Les trois représentants des municipalités de l'ancienne & de la nouvelle capitale de l'Italie participèrent aux fêtes données par la Ville de Paris en l'honneur des Souverains & assistèrent à un banquet qui leur fut offert par le Bureau.

Au cours de cette réunion amicale, le Prince Colonna invita M. Deville & ses collègues à venir à Rome, lorsque le Président de la République s'y rendrait lui-même pour visiter LL. MM. le Roi & la Reine d'Italie.

Cette invitation fut acceptée, & M. Philipson exprima à

IMPRIMERIE NATIONALE.

son tour le désir de voir les membres du Bureau s'arrêter à Florence au cours de leur voyage.

Dès que cette acceptation fut connue, les Municipalités des plus importantes villes d'Italie informèrent le Président du Conseil municipal qu'elles seraient heureuses de recevoir également la visite des Représentants de la capitale de la France; enfin, lorsque la date du départ du Président de la République eut été définitivement fixée, le Prince Colonna renouvela son invitation au nom de la Municipalité de Rome.

Le Bureau désigna alors les membres de la Délégation chargée de le représenter, & qui fut composée de M. Deville, président du Conseil municipal; M. Bussat, vice-président, & M. Mossot, secrétaire du Bureau.

Le Président du Conseil municipal crut devoir communiquer cette décision à M. le Président de la République. Celui-ci déclara qu'il voyait avec plaisir le voyage des Représentants de la Municipalité de Paris qui se joindrait au sien pour témoigner des sympathies françaises à l'égard de la nation sœur; que, ne pouvant lui-même répondre à de nombreuses invitations qui lui avaient été adressées, faute de temps pour s'arrêter dans son rapide voyage, il serait heureux d'être, en quelque sorte, représenté par les Délégués de Paris dans les villes qu'il aurait le regret de ne pas visiter.

Les Délégués, accompagnés de M. Dauly, chef du Cabinet, & de M. Favereau, secrétaire du Président, quittèrent Paris le jeudi 7 avril 1904, par le train de 10 heures 25 du soir.

Ils eurent la très agréable surprise de rencontrer, sur le quai de la gare de Lyon, Son Excellence le Comte Tornielli, ambassadeur d'Italie à Paris, qui avait tenu à leur apporter lui-même, au moment de leur départ, ses meilleurs vœux pour le voyage qu'ils entreprenaient. Il les assura que les villes italiennes leur préparaient le plus chaleureux accueil, & que le Gouvernement italien, sachant comment les Représentants de Paris avaient accueilli ses Souverains, ferait en sorte que les diverses autorités officielles se joignissent aux Municipalités pour faire de cet accueil un témoignage éclatant de sympathie.

M. le Président remercia Son Excellence le Comte Tornielli de sa démarche si courtoise & si bienveillante; il ajouta qu'elle faisait bien augurer de la réception qui serait faite par les villes d'Italie aux Représentants de la capitale de la France.

La conversation se continua entre les Délégués & l'Ambassadeur, qui ne se retira qu'au moment où le train se mit en marche.

LES ADMINISTRATIONS MUNICIPALE ET PROVINCIALE DE L'ITALIE.

L'Italie est subdivisée en 69 *provincie,* 284 *circondari,* 1,779 *mandamenti* & 8,360 *comuni,* qui correspondent respectivement aux départements, arrondissements, cantons & communes de France.

L'Administration provinciale comprend un Préfet, agent de l'État, investi du pouvoir exécutif, & un corps élu, le Conseil provincial, qui se compose de 20 à 60 membres, suivant le chiffre de la population de la province. Le Conseil provincial nomme son Président, ainsi que le Président & les membres de la Députation provinciale, commission permanente qui représente le Conseil dans l'intervalle de ses sessions.

Le Conseil & la Députation provinciale nomment leurs employés.

Le Préfet est assisté d'un Conseiller délégué & d'un Conseil de préfecture, corps consultatif.

Le *circondario* & le *mandamento* ne possèdent pas de corps élu.

Le premier est administré par un Sous-Préfet, le second par un Préteur.

Enfin, la commune a un conseil élu. Ce dernier, dans les communes de plus de 10,000 habitants, nomme le *Sindaco* (syndic ou maire). Le Conseil municipal désigne en outre les assesseurs, dont l'ensemble constitue la *Giunta* ou Junte municipale, pouvoir permanent de la commune. L'élection du Conseil communal se fait au scrutin de liste, mais la loi y assure la représentation des minorités, au moyen du vote limité.

En cas de dissolution d'un Conseil communal, le pouvoir est confié à un Commissaire royal qui fait fonction de syndic.

Telles sont les autorités italiennes avec lesquelles la Délégation du Bureau du Conseil municipal de Paris allait se trouver en contact au cours de son voyage.

TURIN.

A peine les Délégués avaient-ils quitté Paris que la pluie commençait à tomber; le lendemain matin, à la frontière française, elle faisait rage quand le train pénétra dans le tunnel du Mont-Cenis.

Dès qu'on eut débouché sur l'autre versant des Alpes, le tableau changea : le ciel était d'un bleu profond; pas un nuage. Sous un soleil éclatant, les sommets couverts de neige resplendissaient.

La Délégation arriva à Turin le 8 avril, à 3 heures de l'après-midi.

Sur le quai de la gare, elle fut reçue par M. le Sénateur Frola, syndic de Turin, entouré des Assesseurs, MM. Albertini, Tacconis, Brayda, Rinaudo, Palestrino, Frescot, Diatto, Cappa, & du Secrétaire en chef de la Municipalité, M. Testera.

Étaient également présents : MM. Daneo, Villa, Lucca, députés; le Vice-Consul de France, M. Calvière, représentant M. Bernard, consul, & un grand nombre de personnalités de Turin & de la colonie française.

Le service d'ordre était assuré par de nombreux gardes & agents municipaux.

M. le Syndic Frola, s'adressant aux Délégués de Paris, leur dit que la ville de Turin était heureuse de leur visite & qu'en son nom il leur apportait un salut cordial.

Après quelques paroles de remerciements de M. Deville, & les présentations faites, le cortège se dirigea vers la sortie.

A peine les Délégués de Paris eurent-ils franchi la porte qu'ils furent accueillis par une immense clameur. Plusieurs milliers de personnes rassemblées aux abords de la gare poussaient de chaleureux cris de « Viva la Francia! ».

C'est au milieu de cette ovation enthousiaste que les membres de la Délégation gagnèrent les voitures de gala de la Municipalité.

Le Président du Conseil municipal de Paris prit place dans la première, avec M. le Syndic Frola, l'Assesseur doyen Albertini & l'Assesseur Brayda, qui devait remplir si aimablement les fonctions de cicerone auprès des hôtes de Turin pendant leur séjour dans la ville.

AU MUNICIPE.

Les voitures se rendirent directement au Municipe ou Hôtel de Ville, devant lequel attendait une foule considérable qui renouvela les sympathiques démonstrations faites aux Délégués de Paris sur la place de la Gare.

Les drapeaux italien & français flottaient au balcon du palais municipal.

A l'intérieur, le service d'ordre était fait par des piquets de gardes municipaux & par des pompiers en grande tenue.

Le cortège, passant par l'escalier d'honneur, élégamment

décoré de plantes, se rendit dans la salle de la Junte, où un buffet avait été préparé.

M. le Syndic Frola souhaita la bienvenue aux Délégués de Paris au nom de la population de Turin, dont ils avaient déjà pu apprécier le sympathique accueil, & leur offrit de visiter la ville.

Après une conversation amicale entre les représentants des deux villes, au cours de laquelle des rafraîchissements furent servis, le Syndic & les Assesseurs conduisirent leurs hôtes jusqu'aux voitures & les accompagnèrent dans leur promenade.

On parcourut successivement les différents quartiers, des tours de la porte Palatine au jardin du Valentino, en passant par la place du Dôme, la place du Palais-Royal, le Palais Madame, la place du Statut, où se dresse le monument du Fréjus, la place de la Citadelle & les quais du Pô. Les membres de la Délégation virent ainsi la ville antique, la ville populaire & la ville moderne. Ils admirèrent le remarquable entretien des rues, le nombre & la belle ordonnance des constructions nouvelles, la magnificence des monuments & des œuvres d'art.

Ils s'arrêtèrent un instant devant le palais du Valentino, construit par la fille de Henri IV, Christine de France, qui avait épousé Victor-Amédée Ier. Ce palais a donné son nom au jardin public, à l'extrémité duquel on visita le village & le château moyen âge artistement reconstitués, dans un site splendide, sur les rives du Pô que domine la verdoyante colline des Capucins.

IMPRIMERIE NATIONALE.

Sur tout le trajet, ils avaient été l'objet des marques les plus flatteuses de la courtoisie des habitants.

A 5 heures & demie, le cortège arrivait à l'hôtel d'Europe, où la Municipalité offrait un banquet aux Représentants de Paris.

LE BANQUET.

La table, splendidement fleurie, était dressée dans le grand salon de l'hôtel.

M. Deville, président du Conseil municipal de Paris, prit place entre M. le Sénateur Frola, syndic de Turin, & M. Giordano, président de la Députation provinciale, représentant le Préfet de Turin, empêché. Les autres Délégués se trouvèrent aux côtés de M. le Sénateur Casana, conseiller municipal, M. Albertini, doyen des assesseurs, & MM. le Comte Biscaretti & Daneo, députés & conseillers municipaux.

Parmi les convives, au nombre de quarante environ, figuraient : MM. les Assesseurs Cattaneo, Palestrino, Frescot, Usseglio, Cappa, Rinaudo, Brayda & Victor Diatto; MM. les Sénateurs Mosso & Fontana, conseillers municipaux; M. le Marquis Compans de Brichanteau & M. le Président de la Chambre de commerce Rossi, députés & conseillers municipaux, ainsi que leurs collègues MM. les Conseillers Calandra, Ceriana, Dutto, Fenoglio, Fiorio, Comte Luserna di Rorà & Vicari.

Assistaient également au banquet M. Calvière, vice-consul

de France, M. Testera, secrétaire général de la Commune, & M. Rovetti, chef du cabinet du Syndic.

Le menu était le suivant :

Potage Washington
Petites truites à la Polonaise
Filets de bœuf à la barigoule
Pain de foie gras en aspic
Asperges en branches sauce mousseline
Dindonneau à la broche
Salade Philippine
Plombière à la Duchesse
Gâteau bavarois
Dessert
Café — Liqueurs

—

VINS

Capri blanc
Chianti en carafes
Barolo
Moët & Chandon frappé

Au champagne, M. le Syndic FROLA prononça, en français, le discours suivant :

C'est avec la plus vive satisfaction & avec le plus grand plaisir que j'ai aujourd'hui, en ma qualité de Syndic, l'honneur de saluer à Turin les Représentants de la Ville de Paris, la grande capitale de la France glorieuse.

Tous ici nous nous rappelons les cordiales relations entre l'antique capitale du Piémont & la France, les alliances pour l'indépendance de l'Italie; ces relations sont affirmées entre nous par votre gracieuse visite & seront nouées, plus vives & plus cordiales, entre la France & l'Italie, les deux sœurs latines, par la visite que le Président de la République française fera à notre bien-aimé Souverain à Rome.

Permettez-moi, Messieurs, de vous remercier. Je suis heureux, dans cette cordiale intention, de boire à la prospérité de Paris, à la prospérité de toute la France. Vive Paris!

Tous les convives se levèrent & applaudirent, en criant : « Vive Paris! Vive la France! ».

Le Président du Conseil municipal de Paris prit ensuite la parole & se dit heureux de l'occasion que lui offrait la courtoisie de la Municipalité de Turin de porter, pour la première fois sur le sol italien & dans la vieille capitale de la maison de Savoie, un respectueux hommage à LL. MM. le Roi & la Reine d'Italie & à la famille royale. (*Vives acclamations.*)

Il dit tout le plaisir que ses collègues & lui avaient eu à visiter la ville, où ils ont trouvé un si affectueux accueil. Il rappela les liens d'amitié qui unissent la France & sa capitale à l'Italie & à Turin. Il ajouta qu'il connaissait déjà depuis longtemps cette belle ville, qu'il a plusieurs fois visitée, & il termina en envoyant un cordial salut à Turin & en buvant à la prospérité de l'Italie.

Le discours du Président du Conseil municipal de Paris fut accueilli par des applaudissements chaleureux & par de nouveaux cris de : « Vive Paris! Vive la France! ».

Puis, en termes des plus heureux, M. le Sénateur Casana porta, en français, un toast au Président de la République française; M. le Député Daneo, également en français, but à M. Loubet, ami du Roi d'Italie : il acclama l'union & la fraternité de l'Italie & de la France. Après avoir rappelé quels antiques & doux souvenirs de fraternité entre les deux nations évoque cette fête qui réunit les Représentants de Paris & de Turin, il a l'espoir qu'il en restera un souvenir impérissable dans leur esprit.

Enfin M. Dutto, conseiller municipal, parlant en italien, envoya, au nom de la minorité socialiste du Conseil municipal, un salut fraternel aux collègues du Conseil municipal de Paris.

Pendant toute la durée du banquet, une musique militaire, placée devant l'hôtel, sur la place du Château, avait donné un concert auquel assistait une foule considérable.

Lorsque, après le repas, les invités & les membres de la Municipalité parurent au balcon, ils furent accueillis par un tonnerre d'applaudissements.

Le public réclama aussitôt la *Marseillaise,* puis la *Marche royale,* qui furent jouées au milieu d'unanimes acclamations.

C'est aux cris de « Viva la Francia ! » que les Délégués de Paris, accompagnés du Syndic & des Assesseurs, reprirent place dans les voitures & gagnèrent la gare, où la foule leur fit une dernière ovation.

A 8 heures, au moment où le train allait s'éloigner, M. le Président exprima à M. le Syndic Frola & aux Conseillers municipaux de Turin la très vive satisfaction que ses collègues & lui avaient éprouvée au cours des belles mais trop courtes heures passées à Turin.

MILAN. — BRESCIA.

La Délégation était arrivée à Milan le 8 avril, à 11 heures & demie du soir ; elle devait en repartir le lendemain, à 1 heure de l'après-midi, pour se rendre à Venise, l'arrêt à Milan n'ayant point été prévu dans l'itinéraire primitif. En raison du peu de temps qu'elle pouvait consacrer à Milan, il fut convenu qu'il y aurait seulement une courte réception à l'Hôtel de Ville, suivie d'un déjeuner.

La Municipalité de Milan siège au Palais Marino, sur la belle place de la Scala, qu'une monumentale galerie couverte relie à la grande & magnifique place du Dôme, centre de la ville.

Au Palais Marino, ainsi qu'aux autres édifices communaux, flottaient les drapeaux italien & français.

A 10 heures & demie, les voitures de la Municipalité vinrent prendre à leur hôtel les Délégués de Paris qui furent accueillis sur la place de la Scala par une foule sympathique aux cris de « Viva la Francia! » & reçus à l'entrée du Municipe par le Syndic de Milan, M. Barinetti, entouré de ses Assesseurs.

Après une rapide visite du Palais Marino, les Délégués & les Membres de la Municipalité s'arrêtèrent quelques instants dans la salle de la Junte, puis ils regagnèrent leurs voitures & quittèrent le palais municipal au milieu des applaudissements de la foule qui ne cessait de crier : « Viva la Francia! ».

MILAN

Banquet offert par la Municipalité de Milan

(9 avril 1904)

Photog. communiquée par M. Léon Bouet, directeur de l'Agence Universelle de reportage photographique, 15 bis Cité Trévise, Paris

Imp. Ch. Wittmann

Ils se rendirent au « Castello Sforzesco », le château fort des Visconti & des Sforza. Cette vaste construction du xve siècle a la forme d'un quadrilatère flanqué de tours à ses angles.

La ville de Milan, qui en est propriétaire depuis quelques années, y poursuit d'importants travaux de restauration. On y a installé le musée archéologique & artistique municipal, & notamment le musée « del Risorgimento nazionale », où sont réunies de précieuses collections relatives à l'histoire de l'Italie depuis le commencement du xixe siècle.

Les membres de la Délégation parisienne visitèrent ces divers musées sous la conduite du Syndic, qui leur signala surtout les richesses du musée du « Risorgimento ».

A 11 heures, un banquet fut donné à l'Éden par la Municipalité en l'honneur des Délégués français.

Outre le Syndic de Milan, M. Barinetti, & les membres de la Junte, MM. Aporti, Angiolini, Marensi, Arienti, Morosini, Pugno, Sinigaglia, Milani, Stabilini & Maino, y assistait M. Pellegrini, député de Gênes.

Au champagne, M. Barinetti prit la parole pour exprimer tout le plaisir que ressentaient la Municipalité & la ville de Milan de la visite des Délégués de Paris. Au nom de la population, il adressa un cordial salut à Paris & à ses Représentants.

M. Deville lui répondit en remerciant tout d'abord la Municipalité de l'accueil fait aux Délégués de Paris & en priant le Syndic de transmettre à la population les plus vifs remerciements pour la cordiale réception improvisée en leur honneur. Il rappela les liens qui, depuis si longtemps, rattachaient le peuple italien au peuple français & termina en acclamant l'amitié des deux nations latines.

M. Pellegrini, député de Gênes, insista sur les souvenirs patriotiques communs aux deux nations qui fraternisèrent sur les champs de bataille, & doivent fraterniser encore sur ceux de la civilisation. Il dit tout le plaisir qu'il aurait à revoir les Délégués à Gênes, où la population est si désireuse de les recevoir, & il but à la France, à laquelle il doit personnellement toute sa culture intellectuelle.

Une invitation officielle de la Ville de Gênes suivit d'ailleurs de près cet amical discours.

Cette fête charmante prit fin bientôt, car le temps passait rapide, & tous les convives conduisirent à la gare les Délégués de Paris qui, au bruit des dernières acclamations des Milanais, partirent à 1 heure pour se rendre à Venise.

Pendant l'arrêt du train à Brescia, à 2 heures 41, les Délégués furent agréablement surpris de voir, sur le quai de la gare, le Syndic de Brescia, entouré de ses Assesseurs & d'une foule nombreuse.

Le Syndic, étant donnée la brièveté de l'arrêt, ne put même prendre le temps de monter dans le wagon; il resta sur le quai; il dit combien la Municipalité & la population auraient été heureuses de voir la Délégation du Conseil municipal accepter l'invitation qui lui avait été faite de s'arrêter à Brescia, où lui était réservée une réception des plus chaleureuses. Il ajouta qu'il n'en avait pas moins voulu apporter aux Représentants de Paris le salut cordial des citoyens de Brescia.

M. Deville exprima tous ses regrets & ceux de ses collègues; tous auraient eu le plus vif plaisir de répondre à une invitation si courtoise que, seule, la rapidité de leur voyage les avait empêchés d'accepter.

Le Syndic offrit alors à M. Deville un album artistement relié, & le train partit au milieu des acclamations des habitants accourus à la gare pour saluer les Délégués de la Municipalité de Paris.

IMPRIMERIE NATIONALE.

VENISE.

Le 9 avril, à 7 heures du soir, la Délégation arrivait à Venise.

Sur le quai de la gare se trouvaient : le Comte Grimani, Syndic; MM. Sorger, Bombardella, Chiggiato, Donatelli & Facci-Negrati, assesseurs; le Secrétaire de la Municipalité, M. Boldrin, ainsi que plusieurs autres personnalités de la Ville.

Dès que le train se fut arrêté, le Syndic & les Assesseurs s'avancèrent vers le wagon des Délégués. M. Deville descendit le premier : le Syndic & le Président s'étreignirent les mains & échangèrent quelques paroles de bienvenue; puis ils firent les présentations réciproques.

Le cortège se dirigea, au milieu des nombreux voyageurs qui s'étaient arrêtés dans l'intérieur de la gare, vers le vestibule où des gardes municipaux en grande tenue faisaient la haie.

Lorsqu'il déboucha sur la petite place qui sépare la gare du Grand Canal, la foule qui s'y était rassemblée & qui garnissait également le quai sur l'autre rive & le pont de fer, accueillit le Président du Conseil municipal & ses collègues par des applaudissements & par les cris de « Viva la Francia! »

L'ovation fut particulièrement chaleureuse de la part des canotiers de la Société « Francesco Quirini » qui, dans leurs embarcations, dont l'une de dix-huit rameurs, attendaient au

VENISE

Une gondole de gala de la Municipalité de Venise

(9 avril 1904)

Imp. Ch. Wittmann

milieu du Grand Canal le départ des gondoles de gala de la Municipalité pour les précéder dans la traversée de Venise.

Lorsque les Délégués eurent pris place, avec le Syndic & les Assesseurs, dans les gondoles municipales, le cortège se mit en marche, salué d'une nouvelle ovation de la foule, ovation qui se répéta, sur le parcours, partout où les habitants pouvaient aborder la rive.

On parvint ainsi, après avoir suivi le Grand Canal dans toute sa longueur, à l'hôtel Danieli où la Délégation descendit.

Pendant le trajet, elle avait pu admirer la décoration artistique des palais Farsetti & Lorédan, siège de la Municipalité.

Les balcons étaient garnis de superbes damas rouges portant, au centre, brodé en or le lion de Saint-Marc. Partout flottaient des drapeaux italiens & français qui mariaient, au souffle du vent, leurs éclatantes couleurs. L'ensemble était d'une magnificence remarquable.

Nombre de maisons & de palais étaient pavoisés de drapeaux.

Le soir, en l'honneur de la Délégation parisienne, la place Saint-Marc fut illuminée; une foule immense s'y réunit pour entendre, sous un ciel d'une pureté admirable, le concert qui fut donné par une musique militaire fréquemment & chaleureusement applaudie.

Dans la matinée du dimanche 10 avril, les Délégués visitèrent la Basilique de Saint-Marc & le Palais des Doges, sous la conduite du Docteur Pinco, de la Commission des monuments.

Ils parcoururent les grandioses salles du Palais & purent y

admirer les toiles incomparables de Giorgione, du Titien, du Tintoret & tant d'autres chefs-d'œuvre. Après avoir traversé le Musée archéologique, ils se rendirent, par le Pont des Soupirs, dans les cachots fameux, si bien appelés *les Puits*.

Sortis du Palais des Doges, ils pénétrèrent, avec le Professeur Manfredi, à l'intérieur des palissades qui cachent les travaux de reconstruction du Campanile de Venise, écroulé le 14 juillet 1902. Aux antiques pilotis qui supportaient le vénérable monument depuis plus de dix siècles, on finissait d'adjoindre des pilotis neufs pour élargir & renforcer la base des fondations, sur lesquelles bientôt se dressera le nouveau Campanile, reproduction exacte de l'ancien.

LA RÉCEPTION À L'HÔTEL DE VILLE.

Les merveilleux palais Farsetti & Lorédan, siège de la Municipalité de Venise, sont en bordure du Grand Canal.

Ils ont reçu, pour la circonstance, une brillante décoration. Des drapeaux flottent à toutes les fenêtres.

Les Représentants du Conseil municipal de Paris, accompagnés de M. Chiggiato, assesseur, & de M. Boldrin, secrétaire de la Municipalité, arrivent à onze heures du matin, en gondoles de gala, & débarquent sur le quai qui précède le palais Farsetti.

La foule qui se presse derrière les cordons des gardes municipaux en grande tenue, acclame les Délégués aux cris de : « Viva Parigi ! Viva la Francia ! » répétés chaleureusement par les nombreuses personnes qui, pour assister à l'arrivée de la Délégation, ont pris place sur la rive opposée ou se tiennent dans des gondoles maintenues à distance par des agents.

Les Délégués pénètrent dans le vestibule richement décoré de plantes & de fleurs, & où s'étend un épais tapis au bord duquel sont alignés des gardes municipaux. Le grand escalier est orné à profusion de palmiers & de fleurs, & le palier supérieur, de trophées & de drapeaux encadrant, au milieu de tapisseries anciennes, le rouge étendard de Venise.

Le Syndic, Comte Grimani, & les membres de la Junte accueillent les Représentants de Paris à l'entrée de la salle du Conseil, dont les murs disparaissent sous les drapeaux, la verdure & les fleurs. La lumière des lampes électriques fait briller les uniformes des officiers qui assistent en grand nombre à la réception.

Le Syndic, entouré des Assesseurs & des Conseillers municipaux, présente aux Délégués les invités de la Municipalité, parmi lesquels figurent :

MM. les Sénateurs Frigerio, vice-amiral commandant le 3e département maritime, Duc Canevaro, Nigra, Michiel, Papadopoli, Pellegrini, Treves de Bonfili; MM. les Députés Pascolato, Fradeletto, Manzato, Tecchio, Molmenti, Bertolini, Macola, Brandolin, Docteur Angelo Papadopoli, Docteur Galli; MM. le Contre-Amiral Viotti, commandant l'arsenal de Venise; Bellini, major général commandant la brigade « Roma » & la place de Venise; les commandants de corps & chefs du service militaire de Venise; M. Favini, premier président de la Cour d'appel; M. Melegari, procureur général près la Cour d'appel; M. le Marquis Cassis, préfet de Venise; M. Quaranta, conseiller délégué de la Préfecture; M. Penzo, président de la Députation provinciale; M. Suppiei, président de la Chambre de commerce; M. de Battisti, intendant des finances; M. Ternani, inspecteur du Génie civil; M. Inglese, président de la Commission de régularisation du port; M. Gaston Lemay, consul de France; M. Griffon, président de la Société française de bienfaisance; le Directeur de l'Agence Stefani & les représentants de la Presse.

Les présentations faites, le Syndic conduit tous ses invités dans son cabinet, transformé en un salon fleuri.

Au nom de Venise, il souhaite la bienvenue au Président du Conseil municipal de Paris & à ses collègues, & il le prie d'accepter, en souvenir de cette gracieuse visite, la reproduction d'une œuvre d'art, une des plus précieuses pièces du Musée civique. « C'est, dit-il, un hommage & une manifestation de sympathie de la Ville de Venise envers la Capitale de la France, unie aujourd'hui avec l'Italie par des liens si amicaux. »

Il termine en faisant des vœux pour la prospérité de la France & de Paris.

M. Deville remercie le Syndic du don précieux de la Municipalité; il ajoute que la Délégation ne pouvait manquer de visiter Venise, la ville incomparable & enchanteresse, l'une des plus importantes cités de l'Italie. Il dit tout son enthousiasme pour la beauté unique & le charme particulier de Venise, qu'il quittera avec le très vif regret de n'avoir pas eu plus de temps à

VENISE

La coupe offerte par la Municipalité
au Président du Conseil municipal de Paris

(10 avril 1904)

Imp. Ch Wittmann

lui consacrer, mais aussi avec le souvenir ineffaçable de l'accueil si chaleureux de sa sympathique population & de la courtoisie exquise de ses représentants.

Enfin, il forme à son tour des vœux pour la prospérité de l'Italie & de Venise, unies par des liens solides de fraternité avec la France & Paris.

Les discours du Syndic de Venise & du Président du Conseil municipal de Paris sont accueillis, l'un & l'autre, par les applaudissements répétés des assistants.

Le cadeau de Venise consiste en une coupe de verre, reproduction exacte de la fameuse coupe nuptiale de Beroviero, conservée au Musée civique, & qui remonte à l'année 1450.

Cette reproduction est l'œuvre de la Compagnie Venise-Murano, dont les travaux sont universellement connus & appréciés.

La coupe, haute de 25 centimètres, est en verre bleu. Elle est ornée de figures & de groupes élégamment traités & d'un coloris merveilleux.

Elle est contenue dans un écrin de cuir crème, portant des décorations polychromes & l'inscription : « Venise, 10 avril 1904 ».

Ce chef-d'œuvre de l'industrie vénitienne est longuement admiré par les membres de la Délégation parisienne.

Les assistants se rendent alors de nouveau dans la salle du Conseil. Les Délégués s'entretiennent avec le Syndic & les Assesseurs, avec le Marquis Cassis, préfet de Venise, l'Amiral Frigerio, le Général Bellini.

M. Deville, à qui le Comte Grimani présente le Comte Pierre Foscari, président de la Société de sport « Francesco Quirini », félicite ce dernier pour la brillante & joyeuse participation des canotiers de la Société au cortège qui accompagna les Délégués parisiens de la gare à leur hôtel.

Le Syndic & les autorités mènent ensuite leurs hôtes dans la salle des Horloges, où est dressé un somptueux buffet. C'est là une nouvelle occasion d'échanger des compliments & de formuler les plus heureux souhaits pour les deux villes & les deux pays.

Au cours de cette réception en tous points charmante, les représentants de Venise & les autorités de tous ordres avaient manifesté pour les Délégués de Paris la plus entière courtoisie & le plus amical empressement.

A midi, les membres de la Délégation quittèrent le palais Farsetti, reconduits jusqu'à l'entrée du monument par le Syndic & les Assesseurs.

Dans l'après-midi, M. Chigiatto, assesseur, & M. Boldrin, secrétaire de la Municipalité, vinrent chercher les Délégués à l'hôtel Danieli pour une promenade au Lido, où ils furent menés par les gondoles municipales.

Au débarcadère, les attendaient deux landaus. En quelques minutes, on arriva au grand établissement devant lequel s'étend la plage affectée aux bains. A leur entrée dans le hall, ils furent accueillis aux sons de la *Marseillaise* par l'orchestre qui joua ensuite la *Marche royale italienne.* Ce fut l'occasion d'une nouvelle ovation à l'égard des hôtes de Venise.

Remontés en voiture après une promenade sur la terrasse d'où ils contemplèrent le magnifique spectacle qu'offrait l'Adriatique, aux flots d'un bleu profond, ils parcoururent la longue & étroite bande de sable qui sépare de la mer les lagunes d'où émergent les magnifiques palais & les imposants monuments de Venise.

Pendant le trajet, ils eurent à se louer de la parfaite érudition de leurs guides, qui leur rappelèrent les grands souvenirs historiques attachés à la frêle digue de sable qui protège la ville. C'est ainsi qu'arrivés à Malamocco, où ils visitèrent l'école communale & le palais Prétorio, on leur indiqua les rives où le roi Pépin dut arrêter sa marche devant les marécages. Malamocco est un des premiers refuges des populations qui, chassées des terres par des invasions successives, devaient s'établir définitivement dans les îles de la lagune & construire Venise.

Lorsque les gondoles, au retour, parvinrent au Grand Canal, les Délégués, sur la demande de M. Deville, furent conduits à travers les canaux intérieurs jusqu'à la place Saint-Paternian, où se dresse la statue de Daniel Manin. Ils voulaient ainsi apporter leur tribut d'admiration à la mémoire du grand patriote vénitien, plus que jamais vivace dans le cœur de la population.

LE BANQUET.

Le dimanche soir, 10 avril, eut lieu le banquet offert par la Municipalité aux Délégués de Paris.

La grande salle de l'hôtel Britannia était transformée en une véritable serre, garnie de plantes & des fleurs les plus rares.

Le couvert était dressé sur une table en fer à cheval, entièrement jonchée de fleurs & garnie de bouquets de lis, de roses & de giroflées.

Quand les Délégués pénétrèrent dans la salle, à 8 heures, ils y trouvèrent réunis les Assesseurs & les Conseillers municipaux, le Marquis Cassis, préfet de Venise; le Vice-Amiral Frigerio, le Général Bellini, le Contre-Amiral Viotti, les Députés Tecchio & Manzato, M. Melegari, procureur général du Roi; le Chancelier du Consulat de France, M. Tamburini; le Secrétaire de l'Association française de bienfaisance, M. Griffon; l'Intendant des Douanes, M. de Battisti; le Comte Avogadro, représentant le Conseil de l'Ordre des Avocats; les Secrétaires chefs du Municipe, MM. Memmo & Boldrin; le Conseiller délégué, M. Quaranta; le Professeur Manfredi, les représentants de la Presse.

Ils furent reçus aux sons de la *Marseillaise,* puis de la *Marche royale italienne,* jouées par un orchestre placé dans le jardin séparant la salle du Grand Canal.

La place d'honneur fut donnée au Président du Conseil municipal de Paris, qui avait à sa droite le Préfet, Marquis Cassis,

& M. Bussat, & à sa gauche le Syndic, Comte Grimani, & M. Mossot.

La note dominante fut, au milieu de la somptuosité & de l'élégance de la salle, une simplicité affectueuse & sympathique qui régna pendant tout le repas.

Le menu, en parchemin, présentait sur la couverture la basilique de Saint-Marc & la Piazzetta, & au verso les armes de Paris; l'intérieur portait les armoiries de Venise & de la République française.

Il était ainsi rédigé :

PRANZO IN ONORE
DI A. DEVILLE, PRESIDENTE DEL CONSIGLIO MUNICIPALE DI PARIGI
E DEI SUOI COLLEGHI OSPITI DI VENEZIA.

Consommé à l'Italienne
Saumon de la Loire bouilli
Pommes de terre naturelles sauce mousseuse
Filet de bœuf aux primeurs
Jambon de Bayonne au madère
Célestine de volailles du Mans
Asperges d'Argenteuil à la Polonaise
Faisans des Ardennes flanqués de cailles
Salade
Bombe Victoria
Gâteau Trois-Frères
Dessert

—

VINS

Hochkeimer
Chianti 1894
Château-Laffite 1893 mise du bateau
Georges Goulet frappé

—

CAFÉ — LIQUEURS

L'orchestre, pendant toute la durée du banquet, joua, avec un art consommé, des morceaux des répertoires italien & français.

Au champagne, le Comte Grimani, syndic de Venise, prit la parole en français. Il se dit l'interprète de tous les Vénitiens en adressant aux Représentants de Paris le salut de la population. Il rappela le voyage triomphal du Roi & de la Reine d'Italie dans la capitale de la France, leur réception à l'Hôtel de Ville de Paris & le discours prononcé par M. Deville en cette mémorable circonstance.

Les paroles du Président du Conseil municipal ont eu, dit-il, le plus patriotique écho en Italie, où elles ont fait vibrer profondément le sentiment national.

Les Vénitiens n'ont pas oublié 1859, quand les soldats français, se couvrant de gloire, combattaient & mouraient avec les soldats italiens pour l'indépendance de l'Italie. C'est la France encore qui donna à Daniel Manin, dont Venise s'apprête à commémorer le centenaire, une hospitalité si affectueuse dans les dernières années de sa vie.

Aussi Venise est-elle bien heureuse de recevoir la visite des représentants de Paris. Italie & France doivent être toujours unies parce qu'elles sont liées par affinité de race, par le sang latin.

Monsieur le Président, conclut-il, permettez-moi de boire à votre santé, à la prospérité de votre nation, à la fortune de Paris qui n'est pas seulement la capitale de la France, mais encore la capitale de l'esprit français.

Une chaleureuse ovation accueillit ces vibrantes paroles : les assistants montrèrent qu'elles étaient bien l'expression du sentiment unanime & tous acclamèrent avec enthousiasme l'union des deux peuples frères.

M. Deville se leva &, rappelant à son tour la visite du Roi & de la Reine d'Italie à Paris, leur envoya un respectueux salut.

Il exprima ensuite toute son admiration pour Venise qui, avec la plus ardente cordialité & avec une belle courtoisie qui est pour elle de tradition, a montré de si vifs sentiments de sympathie envers les Représentants de Paris.

Il se dit heureux de voir reflétés dans l'Administration municipale les sentiments du peuple italien pour la France; il est fier de penser que Daniel Manin, qui put être appelé le dernier doge de Venise & qui prit une si grande place dans son histoire, fut l'hôte de Paris, où son souvenir est encore vivant.

A Venise, il retrouve, en même temps que les souvenirs glorieux du passé, les signes d'une activité & d'une vie nouvelles, qui montrent le brillant avenir de cette grande cité :

L'union de Venise & de Paris signifie aussi l'union de l'Italie & de la France, ces deux nations destinées, par les traditions, les souvenirs, l'affinité d'origine & de race, à marcher ensemble vers le progrès.

Il but à la santé du Syndic & du Conseil municipal, de cette sage & populaire Administration, en ajoutant :

Ici, Messieurs, se font des alliances qui ne seront pas détruites, & s'amassent des souvenirs qui ne s'effaceront pas.

Il porta, en terminant, un toast chaleureux, au nom de Paris, à Venise; au nom de la France, à l'Italie.

Un tonnerre d'applaudissements accueillit le discours du Président du Conseil municipal de Paris, & ce fut sur une impression de vibrante cordialité que cette belle fête prit fin, vers 10 heures & demie.

Pendant ce temps deux manifestations de fraternelle sympathie pour la France se produisaient au théâtre Rossini & sur la place Saint-Marc.

Au théâtre, on donnait l'opéra *André Chénier.*

Avant le lever du rideau, l'orchestre joua la *Marseillaise,* puis la *Marche royale* que l'assistance écouta debout & dont elle réclama aussitôt une seconde exécution qui se termina au milieu des acclamations les plus enthousiastes.

La musique municipale avait, dans l'après-midi, donné sur la place Saint-Marc un concert qui commençait par la *Marseillaise* & la *Marche royale italienne* & comprenait exclusivement de la musique française. Le soir, la place Saint-Marc & la Piazzetta étaient extraordinairement illuminées : un nouveau concert fut donné, de 8 heures à 10 heures, par la musique du 80e régiment d'infanterie, qui exécuta également la *Marseillaise* & la *Marche royale.* Les deux hymnes nationaux soulevèrent les applaudissements répétés de la foule, qui s'était portée très nombreuse sur la grandiose place, merveille entre tant d'autres que possède Venise.

Quand les membres de la Délégation rentrèrent à leur hôtel, ils eurent le plaisir d'assister à l'embrasement, par des feux de Bengale, du bassin de Saint-Marc & des îles : les flammes, qui coloraient en rouge les monuments, en faisaient ressortir

VENISE

—

En gondole vers le Lido

(10 avril 1904)

Imp. Ch. Wittmann

tous les détails, notamment pour l'église de *Saint-Georges-le-Majeur*. Ce spectacle, organisé en leur honneur, fit sur eux la plus profonde impression & ils en ont gardé le plus attachant souvenir.

LE DÉPART.

Le lendemain matin, 11 avril, M. Chiggiato, assesseur, vint prendre les Délégués de Paris à leur hôtel &, dans les gondoles municipales, les conduisit aux Galeries des Beaux-Arts.

Ils visitèrent les différentes salles du riche musée, guidés par M. Barozzi, le conservateur, qui se mit courtoisement à leur disposition & fut pour eux un guide précieux par ses grandes connaissances artistiques.

Sortis du musée, les Délégués reprirent les gondoles & se rendirent devant la place Saint-Pierre-&-Saint-Paul pour y admirer la statue de Colleoni, l'œuvre fameuse.

Après le déjeuner, ils partirent pour la gare, accompagnés du Syndic, de leur aimable guide, M. Chiggiato, & de M. Boldrin. Les trois gondoles qui les transportaient s'avançaient de front sur toute la largeur du Grand Canal, précédées d'une gondole d'escorte occupée par un officier des gardes municipaux.

A la gare, ils retrouvèrent les Assesseurs, le représentant du Président de la Chambre de commerce &, parmi les autres assistants, un grand nombre de membres de la colonie, dont MM. Griffon, père & fils.

Comme à l'arrivée, des gardes municipaux en grande tenue faisaient le service d'honneur sur le terre-plein devant la station & dans le vestibule conduisant au hall.

Le départ était fixé pour 2 heures 35. Jusqu'au dernier moment le Syndic & les Assesseurs s'entretinrent amicalement avec M. Deville & ses collègues. Puis, les dernières poignées de main échangées, le train s'éloigna au milieu des acclamations des assistants & des souhaits adressés aux Délégués pour un heureux voyage dans les autres grandes villes d'Italie.

RAVENNE.

La Délégation devait, en quittant Venise, se rendre directement à Bologne.

Sur les instances de M. Gallina, syndic de Ravenne, il fut décidé qu'une matinée serait consacrée à cette ville.

A Ferrare, la Délégation quitta donc le train de Bologne pour prendre celui qui devait la mener à Ravenne.

Elle arriva dans l'antique capitale de Théodoric, le 11 avril à 7 heures & demie du soir.

A la gare se trouvaient M. Gallina, syndic, les Membres de la Junte, & de nombreux Conseillers municipaux. Une foule considérable se pressait sur la place, devant la station.

Le Syndic souhaita la bienvenue aux Représentants de Paris au nom de la population de Ravenne, & le Président du Conseil municipal de Paris remercia M. Gallina de sa courtoise invitation, en s'excusant de ne pouvoir consacrer que quelques heures à la visite de Ravenne & de ses remarquables monuments.

Les présentations réciproques étant faites, le cortège sortit sur la place, où, à son apparition, la foule éclata en applaudissements, aux cris de «Viva la Francia!».

Les Délégués & les Membres de la Municipalité montèrent aussitôt dans les landaus qui les attendaient & se dirigèrent vers la ville, qu'ils parcoururent en partie pour se rendre

IMPRIMERIE NATIONALE.

à l'hôtel Byrón, où un banquet était offert au Président du Conseil municipal de Paris & à ses collègues par la Junte municipale.

Malgré la rapidité de la course & bien que la nuit commençât à tomber, les Délégués remarquèrent sur les murailles de nombreuses affiches contenant un manifeste par lequel le Syndic de Ravenne annonçait à la population l'arrivée des Représentants du Conseil municipal de Paris.

La plus grande animation régnait dans la ville; sur tout le parcours la population fit les plus ardentes démonstrations aux Délégués qui, aux abords de l'hôtel Byron, virent se renouveler l'ovation qui leur avait été faite à la gare.

A la «Torre del Pubblico» flottait le drapeau français.

Le banquet eut lieu dans la grande salle de l'hôtel, où le cortège fut accueilli aux sons de la *Marseillaise* puis de l'*Hymne de Garibaldi,* joués par la musique municipale. Celle-ci, pendant le repas, donna un concert en l'honneur des hôtes de la ville.

Au dessert, le Syndic, M. Gallina, prit la parole pour remercier les Représentants de la Municipalité de Paris d'avoir consenti à consacrer quelques heures à Ravenne, malgré la rapidité de leur voyage. Il rappela les généreux efforts faits par la France en faveur de l'indépendance de l'Italie. Il but à la fraternité des deux nations sœurs & à Paris, berceau de toutes les libertés.

M. Deville lui répondit en le remerciant de nouveau de son aimable invitation. «Le temps, dit-il, est compté à la

RAVENNE

La Municipalité de Ravenne
& la Délégation du Conseil municipal de Paris
devant le Mausolée de Théodoric

(12 avril 1904)

Imp Ch Wittmann

Délégation qui doit répondre à d'autres invitations faites depuis longtemps déjà, mais elle se félicite d'être venue à Ravenne, où la population a improvisé, d'accord avec sa Municipalité, une réception si chaleureuse. » Il rappela les grands souvenirs historiques évoqués par le nom de Ravenne, dont chacun, en France, connaît le rôle brillant au cours des siècles. Il termina en buvant à la prospérité de l'Italie, sœur de la France, à Ravenne & à sa Municipalité.

Le Syndic annonça ensuite à M. Deville qu'il avait organisé pour le lendemain matin, sous la conduite du professeur Amaduzzi, une promenade dans Ravenne & ses environs, de façon que les Délégués pussent visiter les principaux monuments de l'antique cité.

En effet, dès le lendemain matin, M. Gallina & les Assesseurs venaient prendre à l'hôtel les Délégués, & après un rapide déjeuner, pris en commun au casino Alighieri, les voitures se dirigèrent vers Saint-Apollinaire « in Classe », situé à quatre kilomètres de la ville.

En cours de route, on s'arrêta sur les bords du Montone, à la colonne des Français, élevée sur le champ de bataille de Ravenne, à l'endroit même où, le 11 avril 1512, périt Gaston de Foix, chef de l'armée française, au moment où il achevait de battre l'ennemi.

Après la visite de l'antique église de Saint-Apollinaire « in Classe », on revint dans la ville pour y admirer les splendides monuments des ve & vi^e^ siècles, qui sont sa gloire : l'église Saint-Apollinaire « in Citta », l'église Saint-Vital, le tombeau de Galla Placidia, le baptistère des Orthodoxes, tous décorés de merveilleuses mosaïques dont le temps n'a pas altéré les riches coloris; puis le tombeau de Dante &, en dehors des remparts de la ville, le mausolée de Théodoric.

Sur le trajet, on avait parcouru l'emplacement affecté, dans l'enceinte du champ de courses, à une exposition régionale, qui devait s'ouvrir le 1er mai suivant, & dont les préparatifs presque terminés indiquaient la grande importance.

La promenade finit par la visite du nouvel hôpital, construit d'après les dernières données de la science, & dont l'installation est des plus complètes.

Mais l'heure du départ approchait.

La population, avisée par un second manifeste du Syndic affiché le matin même, s'était portée sur la place de la Gare.

Quand les voitures y arrivèrent, une nouvelle ovation fut faite aux Délégués.

M. Deville remercia encore le Syndic & les Assesseurs de leur accueil si cordial & du courtois empressement qu'ils avaient manifesté aux Délégués de Paris en leur permettant de visiter, en si peu de temps, les plus beaux & les plus célèbres monuments de Ravenne.

Le départ du train, à 11 heures 50, fut salué par les acclamations de la foule & par des cris nourris de : « Viva la Francia! Viva Parigi! »

BOLOGNE.

Le Syndic de Bologne, M. Golinelli, avait annoncé à la population l'arrivée des Représentants du Conseil municipal de Paris par un manifeste ainsi conçu :

COMUNE DI BOLOGNA.

CITTADINI,

Domani saranno tra noi, ospiti graditissimi, i Rappresentanti della Municipalità di Parigi.

Bologna farà Loro le più cordiali accoglienze, ben lieta di avere occasione di portare un affettuoso contributo ai vincoli di simpatia e di amicizia che rannodano l'Italia alla Francia. Il Comune si affida alla tradizionale cortesia della cittadinanza.

Dalla Residenza, li 11 aprile 1904.

Il Sindaco,

E. GOLINELLI.

De leur côté, des étudiants de l'Université avaient fait apposer une affiche pour inviter tous leurs camarades à se trouver à la gare.

Quand, à 2 heures & demie, le 12 avril, le train eut atteint les premières maisons de Bologne, les Délégués de Paris entendirent au loin les accents de la *Marseillaise* chantée par une multitude de voix.

Quelques instants après on entrait dans la gare, envahie par une foule énorme. La musique municipale joue aussitôt la *Marseillaise,* & les étudiants, agitant leurs bérets, reprennent avec elle notre hymne national. De tous côtés éclatent des vivats pour Paris & la France.

Les Délégués, qui, tout d'abord surpris de cet accueil si chaleureux, s'étaient arrêtés à la porte de leur wagon, descendent sur le quai.

Le Syndic, M. Golinelli, & le Préfet de Bologne, M. Ferrari, s'avancent alors vers M. Deville & lui serrent la main. Le Syndic souhaite la bienvenue aux Délégués en ces termes :

Soyez les bienvenus, Messieurs, en cette Ville.

Votre aimable désir de la visiter n'est pas plus grand que le nôtre de vous y accueillir.

Nous comprenons parfaitement la signification & la grande valeur de cette visite; nous vous en sommes reconnaissants & nous saluons en vous les dignes Représentants de la Municipalité de Paris.

M. Deville remercie en quelques mots le Syndic, qui présente les Assesseurs : MM. Bellini, Poggeschi, Lanino, Gregorini, le Secrétaire général du Municipe, M. Gennari, & les autres notabilités.

M. Deville présente à son tour ses compagnons de voyage.

On se dirige alors vers la sortie, en passant sur le front d'une compagnie de pompiers en grande tenue, qui, alignée derrière le drapeau, rend les honneurs.

Des carabiniers & des gardes assurent le service d'ordre.

Les étudiants continuent à chanter la *Marseillaise,* puis ils entonnent l'hymne universitaire, en accompagnant le cortège qui débouche sur la place.

C'est alors une nouvelle ovation : la foule qui se presse aux abords de la gare applaudit avec entrain, aux cris de « Viva la Francia! », pendant que les délégués montent dans les voitures de la Municipalité, dont les cochers & valets de pied portent la livrée blanche & rouge, aux couleurs de Bologne.

Les applaudissements & les vivats redoublent quand le cortège se met en marche, suivi d'un grand nombre de voitures particulières. Partout, sur la terrasse du Pincio, dans les rues Indipendenza & Ugo Bassi, la foule acclame les Délégués, & les étudiants, entourant les voitures qui s'avancent au pas, les escortent jusqu'à l'hôtel Brun, où la Délégation a retenu des appartements.

Le Syndic invite alors les Délégués à se rendre à l'Hôtel de Ville où la Municipalité se fera un honneur de les recevoir, & les quitte en chargeant MM. les Assesseurs Lanino & Gregorini de les attendre & de les accompagner.

À L'HÔTEL DE VILLE.

A 3 heures & demie, les Représentants de Paris arrivent au Palais communal, où la foule s'était portée & les accueille par de nouveaux applaudissements & par des acclamations.

Sur la haute tour flottaient les drapeaux italien & français qui unissaient également leurs couleurs sur la tour du Palais des Notaires, sur le Palais du Podestat & sur tous les édifices municipaux.

Dans l'Hôtel de Ville partout des fleurs; la cour, le grand escalier, les salons sont ornés de plantes vertes & de trophées de drapeaux. Les pompiers font le service d'honneur.

L'entrée du Salon rouge, où doit avoir lieu la réception, est gardée par deux pompiers en grand uniforme & deux huissiers portant la livrée historique, blanche & rouge, de la commune de Bologne.

Le Syndic se porte à la rencontre des Délégués &, dès qu'ils ont pénétré dans le Salon, il leur présente : M. Pedrazzi, président de la Députation provinciale; M. le Sénateur Sacchetti, président du Conseil provincial; M. Gallotti, vice-président de la Chambre de commerce, & MM. les Professeurs Faccioli & Brizio, chargés d'accompagner la Délégation dans la visite des monuments.

M. Ferrari, préfet de Bologne, les Assesseurs & un grand nombre de Conseillers municipaux assistent à la réception.

Le Syndic, M. Golinelli, prononce alors, en italien, le discours suivant :

Messieurs,

A votre arrivée, je vous ai dit que je comprenais parfaitement la signification & la très grande valeur de votre gracieuse visite, & je vous renouvelle ici, dans la Maison commune, en présence de la Junte, de Messieurs les Conseillers, des Représentants du Gouvernement, de notre Province & de la Chambre de commerce, nos plus vifs remerciements.

Dans quelques jours se produira un heureux événement. Votre Président sera l'hôte, à Rome, du Roi & de la Nation, & vous avez voulu que cet acte ne se borne pas à avoir le caractère d'une simple manifestation officielle & diplomatique, mais bien qu'il aille jusqu'à des rapports sincères, sympathiques, amicaux, fraternels entre les deux peuples.

Eh bien, nous, Représentants du peuple, nous affirmons que si, dans le passé, des nuages descendirent qui nous empêchèrent, quelque temps, de reconnaître les amis, notre cœur n'a jamais cessé de battre à l'unisson du vôtre, & maintenant que le soleil a dissipé les brumes, nos bras, comme autrefois, se tendent fraternellement vers vous, pour vous étreindre de nouveau dans un embrassement qui nous unit tous comme les fils d'une même famille.

Soyez les bienvenus parmi nous.

Ce très beau discours est accueilli par les applaudissements enthousiastes des assistants.

Le Président du Conseil municipal de Paris répond au salut du Syndic en exprimant le regret de parler insuffisamment l'italien.

Il remercie de l'accueil cordial qui est fait aux Délégués, & dit que le Syndic avait parfaitement compris la signification de la visite des Représentants de la Municipalité de Paris aux villes d'Italie.

Elle est, ajoute-t-il, l'attestation de l'amitié que le Peuple & les Municipalités de France portent au Peuple & aux Municipalités d'Italie.

Les Représentants de Paris ont compris Bologne dans leur itinéraire à cause de son importance dans la culture intellectuelle, dans le mouvement commercial comme dans celui des idées & du progrès social. Ils ont voulu donner une preuve de sympathie à l'illustre cité au nom de leur pays & de la Ville de Paris.

IMPRIMERIE NATIONALE.

A peine M. Deville a-t-il fini de parler qu'un des Conseillers pousse le cri de « Vive la France », répété aussitôt par tous les assistants.

Le Syndic invite les Délégués à visiter la salle du Conseil municipal & le Président de la Députation les convie à se rendre ensuite dans la salle du Conseil provincial.

Dans cette dernière, somptueusement décorée de fleurs, se trouvaient, pour recevoir la Délégation, les Députés provinciaux Marquis Boschi & Comte Cavazza, les Conseillers Dallollio, Muzzi, Vita-Modoni, Ambrosini, Dallanoce.

La Députation provinciale avait fait dresser un buffet, délicatement servi, pour offrir aux Délégués un vermout d'honneur.

On but à Bologne & à Paris, à l'Italie & à la France.

A ce moment, on remit un télégramme à M. Deville, qui, après l'avoir parcouru rapidement, en donna lecture à haute voix. Il était ainsi conçu :

DEVILLE, président du Conseil municipal de Paris, à Bologne (Italie).

Profondément émus de la réception chaleureuse & enthousiaste faite par les villes d'Italie aux Représentants de la Ville de Paris, nous envoyons, avec l'expression de nos regrets bien sincères de ne pouvoir être avec vous, l'assurance de nos sentiments de fraternelle sympathie pour les Municipalités italiennes & de notre inaltérable amitié pour la Nation sœur de la France. Vive l'Italie !

ACHILLE, *vice-président.*

On ne saurait dire l'enthousiasme que souleva cette lecture. Elle fut accueillie par des vivats, & les applaudissements prolongés de tous les assistants témoignèrent de l'émotion qui s'était emparée d'eux.

Les Délégués quittèrent le Palais municipal, reconduits jusqu'à leurs voitures par le Syndic, le Président de la Députation provinciale & le Préfet, & partirent aussitôt, accompagnés de M. l'Assesseur Gregorini & des distingués Professeurs Brizio & Faccioli, pour visiter les monuments si renommés de Bologne.

Ils purent admirer successivement l'église San Petronio & son riche Musée, le Musée civique, la Bibliothèque & l'Archiginniaso, où leurs guides leur firent remarquer, peints sur les murailles, les noms & armoiries des étudiants français, élèves de l'antique Université de Bologne, puis la fameuse salle d'anatomie demeurée intacte à travers les siècles.

Ce furent ensuite les sept curieuses & pittoresques églises dont se compose San Stefano, les tours Garisenda & Asinelli, vieilles de huit siècles; enfin Saint-Jacques, la nouvelle Université, la Pinacothèque, si riche, le grandiose théâtre communal & tant d'autres monuments qui éveillent les plus remarquables souvenirs historiques & artistiques.

Sur tout le parcours la Délégation avait recueilli de très vives marques de sympathie de la part de la population.

LE BANQUET.

A 8 heures, eut lieu, à l'hôtel Brun, un banquet offert aux Délégués par la Municipalité de Bologne.

Les fenêtres de la salle donnaient sur la place Malpighi, où s'était installée la musique municipale qui joua pendant le repas.

6.

La foule avait envahi la place & toutes les rues aux abords de l'hôtel Brun.

Le Syndic, M. Golinelli, avait à sa droite M. Deville & à sa gauche M. Pedrazzi, président de la Députation provinciale; le Préfet, M. Ferrari, placé en face du Syndic, avait à sa droite M. Bussat & à sa gauche M. Mossot.

Les autres convives étaient : le Comte Cavazza, le secrétaire de la province, M. Romagnoli, MM. Faccioli & Brizio, M. Zamorani, MM. les Assesseurs Jacchia, Poggeschi, Verardi, Rossi, Gregorini, & le Secrétaire général de la Municipalité, M. Gennari, le Chef de cabinet & le Secrétaire de M. Deville.

Le menu était ainsi composé :

Consommé National
Hors-d'œuvre variés
Ombre chevalier bouilli sauce mousseline
Filet de bœuf piqué à la Riche
Médaillons de foie gras en Bellevue
Punch à la Romaine
Asperges en branches au beurre noisette
Faisans flanqués de bécasses
Salade de saison
Mousse à la vanille
Gâteau Trois-Frères
Fruits. Dessert
Café

VINS

Malvasia 1892
Sauvignon 1899
Cabernet 1897
Heidsieck Monopole sec

Liqueurs assorties

Au champagne, le Syndic prononça ce toast en italien :

Je me lève pour boire à la France, à la France vers qui nos vieillards jetaient des yeux pleins d'espérance, à qui nous gardons, au fond du cœur, des sentiments de gratitude, de qui les peuples s'inspirent pour conquérir droits & liberté.

Si les nations pouvaient être réunies comme se réunissent les personnes, & qu'il leur fût donné de choisir parmi elles-mêmes celle qui a le plus mérité pour les avantages apportés à la communauté, il est certain que celle-là serait la France.

Par elle, au son de la *Marseillaise,* l'humanité marche aujourd'hui librement vers la conquête de cet idéal qui jaillit limpide & clair de ses trois mots fatidiques : Liberté, Égalité, Fraternité.

A la France, à son chef, à nos chers hôtes je vous invite à boire comme le faisaient les anciens, en leur souhaitant bonne santé & en leur rendant honneur.

Le Président du Conseil municipal de Paris répondit que l'Italie & la France, comme des nations sœurs, doivent s'assister réciproquement & qu'on ne doit pas parler de reconnaissance parce que la France a prêté son aide à sa sœur la tine. Entre sœurs on ne cherche pas de mots pour se faire des compliments, & les deux nations se rapprochent, les cœurs se touchent en même temps que les mains s'étreignent. Puis, s'exprimant en italien, M. Deville termina en buvant à l'Italie & à Bologne qu'il a trouvée si noble & si intéressante.

Les deux discours furent longuement applaudis par les assistants, pendant que la musique jouait la *Marseillaise,* répétée à plusieurs reprises sur la demande de la foule.

LA SOIRÉE DE GALA AU CORSO.

A 10 heures, les Délégués, accompagnés du Syndic, des Assesseurs & des Conseillers municipaux, se rendirent en voiture au théâtre du Corso où une représentation de gala avait été organisée en leur honneur.

On donnait *Manon,* l'opéra de Massenet.

Devant le théâtre stationnait une nombreuse foule, qui fit aux Membres de la Délégation une ovation chaleureuse.

Le service d'honneur, dans le vestibule & aux abords des loges de la Municipalité & de la Préfecture, était fait par des pompiers en grand uniforme.

Lorsque les Délégués pénétrèrent dans la loge qui leur avait été réservée, les spectateurs, qui garnissaient en grand nombre le parterre, les balcons & les galeries, se levèrent aussitôt & des applaudissements éclatèrent.

On était au second acte : l'orchestre se tut & attaqua la *Marseillaise,* pendant que les applaudissements reprenaient plus vibrants encore.

Sur la demande du public, l'orchestre exécuta de nouveau la *Marseillaise,* puis la *Marche royale* & enfin l'*Hymne de Garibaldi,* au milieu d'un enthousiasme croissant.

Cette belle manifestation, qui se produisit unanime dans toutes les parties de la salle, fut des plus émouvantes & impressionna vivement les Membres de la Délégation.

Le spectacle put ensuite continuer & les Délégués prirent

plaisir à entendre, en italien, l'œuvre du Maître français, dont les artistes surent faire ressortir toute la beauté.

Lorsque, à la fin du troisième acte, les Délégués se retirèrent, ils furent l'objet d'une nouvelle ovation de la part des spectateurs. L'orchestre reprit la *Marseillaise*, aux sons de laquelle répondit une tempête d'applaudissements & de vivats en l'honneur de Paris & de la France.

À SAN MICHELE IN BOSCO.

Le lendemain, 13 avril, les Membres de la Délégation sortirent à 9 heures du matin pour continuer, en compagnie de M. Gregorini, assesseur, & de MM. les Professeurs Brizio & Faccioli, la visite des monuments qu'ils avaient commencée la veille.

Ils se rendirent d'abord à l'église San Francesco, très habilement restaurée dans ses lignes primitives, puis au Collège d'Espagne, célèbre par les fresques d'Annibal Carrache, & à l'église San Domenico, véritable musée d'art dont les principales merveilles sont la chapelle & le tombeau de saint Dominique, les reliquaires anciens & les stalles du chœur en marqueterie du XVIe siècle.

Enfin, ils franchirent les murailles de la ville & se dirigèrent vers San Michele in Bosco, ancien couvent d'Olivétains, aujourd'hui Institut orthopédique Rizzoli, dont les vastes bâtiments se dressent sur une haute colline qui domine Bologne.

Ils furent reçus à l'entrée de l'Institut Rizzoli par le Syndic, M. Golinelli; le Préfet, M. Ferrari; le Sénateur Sacchetti, président du Conseil provincial; M. Pedrazzi, président de la Députation provinciale; le Général Silvani, président du Conseil d'administration de l'Institut; les Députés provinciaux, les Assesseurs & les Membres du Conseil d'administration de l'Institut.

Après la visite des anciens bâtiments du couvent, de la chapelle & du cloître, dont les richesses artistiques sont sauvegardées avec le soin le plus jaloux, le cortège se rendit dans les salles de l'Institut orthopédique, d'une installation absolument parfaite, dont les appareils mécaniques furent mis en mouvement pour la démonstration de la méthode suivie dans cet établissement tout à fait moderne.

Dans un des salons donnant sur le parc de l'Institut fut ensuite servi un déjeuner, offert par le Conseil de la province de Bologne à la Délégation parisienne.

Le Président du Conseil municipal de Paris, qui occupait la place d'honneur, entre M. Pedrazzi & le Général Silvani, avait en face de lui le Sénateur Sacchetti, aux côtés de qui prirent place le Syndic & le Préfet; les autres convives étaient, outre MM. Bussat & Mossot, le Chef de cabinet & le Secrétaire de M. Deville, le Comte Cavazza & le Marquis Boschi, députés provinciaux; MM. Modoni, secrétaire, & Dallanoce, vice-secrétaire du Conseil provincial; l'Économe, M. Mondonesi, & M. Romagnoli, secrétaire général de la province; MM. Bellini, Poggeschi, Rossi, Verardi & Gregorini, assesseurs communaux; le Docteur Sangiorgi, sous-directeur de l'Institut; les Professeurs Brizio & Faccioli, M. Gennari, secrétaire de la Municipalité; M. Zamorani, de la presse de Bologne.

Le menu était ainsi composé :

Délicatesses
Consommé Princesse
Filet de bœuf garni
Foies gras truffés du Périgord
Pigeons à la broche
Salade
Crème cerise Cocktails
Dessert
Moka — Liqueurs

—

Chianti
Sauvignon Bacchelli
Château Larose 1880
Pommery extra sec

Au champagne, le Sénateur SACCHETTI prononça, en français, le toast suivant :

MESSIEURS,

Je sens en ce moment tout l'honneur de la place que j'occupe dans l'administration de la Province de Bologne, parce qu'elle m'offre l'occasion très agréable de présenter mes hommages & mes souhaits à Messieurs les Représentants de la Ville de Paris.

Paris & Bologne, malgré la grande différence de leurs conditions & de leur développement, ont entre elles des liens bien anciens, qu'elles peuvent rappeler avec satisfaction & avec orgueil, parce qu'elles ont créé presque en même temps, au milieu des ténèbres du moyen âge, ces foyers de la science & du progrès, qui sont aujourd'hui encore leur gloire : j'ai nommé les Universités de Paris & de Bologne.

Dans des époques plus récentes nous trouvons encore entre nous des liens d'un caractère très élevé & très délicat; ce sont des sentiments d'amitié & de reconnaissance, parce que nous ne pouvons oublier, Messieurs, que nos patriotes & nos réfugiés politiques & ceux de Bologne surtout, après la Révolution de 1831, ont trouvé chez vous comme soulagement à leurs souffrances d'exilés, un accueil cordial & vraiment fraternel : l'accueil d'une seconde patrie.

Et enfin nous avons encore devant nos yeux cette grande page d'histoire contemporaine, qui nous rappelle que c'est par la coopération de votre vaillante armée que nous avons pu détruire les barrières qui tenaient l'Italie divisée & esclave, & acquérir l'unité politique, ce qui nous a permis de prendre place parmi les grandes nations.

Je porte un toast à tous ces grands souvenirs, qui résument les liens intellectuels & patriotiques de Paris & de Bologne.

Le Président du Conseil municipal de Paris répondit en disant que déjà, la veille, ses collègues & lui avaient vu les monuments qui donnèrent une si grande renommée à Bologne, quand cette noble ville ouvrit l'esprit de tant de générations aux idées de liberté & de progrès. La visite qu'ils viennent de faire & au cours de laquelle ils ont été remplis d'une profonde admiration, indique bien clairement que Bologne continue à marcher en avant, car elle crée ou développe des institutions qui ont pour but de corriger les vices du corps, tout en conservant dans son Université, aux études classiques, leur éclat.

De même, ajoute-t-il, que l'Institut Rizzoli n'est pas surpassé en France, de même l'Université peut encore rivaliser avec les premières des autres pays.

Il lève donc son verre en l'honneur de Bologne, de ses traditions & de ses institutions scientifiques & humanitaires.

C'est dans le jardin que le Conseil provincial avait eu l'intention de faire servir le déjeuner, pour que le Président du Conseil municipal de Paris & ses collègues eussent le loisir, pendant le repas, de contempler la ville étalée au pied de la colline, mais un malencontreux brouillard avait recouvert Bologne d'un manteau épais. Heureusement il se dissipa à point, pendant que le repas suivait son cours, & le soleil parut bientôt aussi éclatant que la veille. On prit donc le café sous les grands arbres du parc, & les Délégués purent admirer le splendide panorama qu'offre Bologne vue du haut de la colline de San Michele in Bosco.

L'heure du départ approchait : on regagna les voitures, qui s'engagèrent dans les jardins Margherita & traversèrent toute la ville pour se rendre à la gare. Sur tout le parcours, les habitants saluèrent les hôtes de la Municipalité.

Devant la station la foule s'était réunie de nouveau; parmi elle circulaient un grand nombre d'étudiants.

Sur le quai de la gare se trouvaient la musique municipale, une compagnie de pompiers & les huissiers de l'Hôtel de Ville.

Les convives du déjeuner de San Michele in Bosco avaient accompagné les Délégués, qui furent rejoints à la station par toutes les autorités & notabilités de la ville.

Quand, à une heure, M. Deville & ses collègues pénétrèrent dans la gare, la foule & les étudiants éclatèrent en applaudissements & la musique joua la *Marseillaise* aux cris mille fois répétés de « Viva la Francia! ». Une partie des manifestants les suivit sur les quais, & lorsque les Délégués eurent gagné le wagon qui avait été réservé en tête du train, les autorités leur présentèrent des souhaits d'heureux voyage.

M. Deville remercia le Syndic & le Préfet de leur aimable accueil, & affirma que ses collègues & lui emportaient de la sympathique réception faite par la population de Bologne un inoubliable souvenir.

Et le train s'éloigna pendant que la musique attaquait une dernière fois la *Marseillaise* & que les autorités & la foule adressaient des gestes d'adieu aux Délégués qui, penchés aux portières, saluaient avec émotion en signe de gratitude pour cette enthousiaste manifestation.

En cours de route, ils furent encore l'objet d'une chaude démonstration à leur passage à la gare de Porretta, où les associations ouvrières vinrent les saluer pendant le court arrêt du train.

Enfin, à Pistoie, ils trouvèrent également à la gare une nombreuse foule venue pour acclamer les Représentants de la Ville de Paris.

FLORENCE.

L'ARRIVÉE.

L'invitation faite au Président du Conseil municipal de visiter Florence remontait à l'époque du séjour à Paris de LL. MM. le Roi & la Reine d'Italie. Dans les premiers jours du mois d'avril, elle avait été renouvelée en ces termes :

Florence, 4 avril 1904.

Depuis quelques jours Syndic de Florence, je m'empresse de renouveler à vous & à toute la Délégation de la Municipalité parisienne l'invitation cordiale de vouloir bien visiter notre ville pendant votre voyage en Italie. Nous serons heureux de saluer en vous les Représentants de la grande métropole latine à laquelle j'envoie, au nom de Florence, une salutation fraternelle.

NICCOLINI.

Le Syndic & la Municipalité de Florence avaient voulu donner le plus grand éclat à la réception de la Délégation parisienne : l'empressement de la population à seconder leurs vues fut des plus remarquables, & il résulta de cette entente spontanée une merveilleuse manifestation de sympathie pour Paris & la France.

Lorsque les Délégués arrivèrent à Florence, le 13 avril, à 4 heures & demie de l'après-midi, ils trouvèrent réunis sous le hall de la gare : le Syndic de Florence, Marquis Ippolito Niccolini; le Conseiller délégué Talpo, représentant le Préfet; M. Cesare Merci, député; MM. le Marquis Giorgio Niccolini, Bargioni, del Greco, Duc Strozzi, de Notter, Pegna, Ciofi, Comte Parravicino, de Stefani, assesseurs communaux; MM. Philipson, Malenotti, Gatteschi, Pampaloni, Gori, Capacci, Comte Pauer, Nespoli, Chiari, Berni, Betti, Serragli, Vitta, Dainelli, Spigliati, Alessandri, conseillers communaux, & plusieurs autres de leurs collègues, ainsi que de nombreuses notabilités de Florence.

M. de Sainte-Marie, vice-consul, MM. Riblet & André représentaient la colonie française.

Le service d'honneur était assuré, à l'intérieur de la gare, par soixante-dix pompiers en grande tenue avec drapeau & musique, & par des gardes municipaux.

Dès l'arrêt du train, les pompiers présentèrent les armes & la musique attaqua la *Marseillaise,* pendant que les assistants poussaient les cris de «Viva Parigi!».

L'huissier en chef de l'Hôtel de Ville se présenta aussitôt à la portière du wagon & les membres de la Délégation de Paris descendirent sur le quai. Le Syndic se porta à la rencontre de M. Deville & de ses collègues & leur adressa, en français, les paroles suivantes :

Vous êtes les bienvenus, Messieurs, dignes représentants de la noble Ville de Paris.

Je vous salue, au nom de Florence, avec un sentiment de sincère reconnaissance.

Vous trouverez ici une fraternelle hospitalité, expression de sympathie pour la Ville de Paris, âme & force de la France.

Messieurs, vous êtes ici chez vous.

A ces paroles charmantes, le Président du Conseil municipal répondit par des remerciements émus, en ajoutant qu'il était bien convaincu de trouver à Florence, berceau des beaux-arts, cité traditionnellement hospitalière & courtoise, l'accueil fraternel promis par son premier citoyen. Il ajouta que le Président de la République lui avait rappelé, avant le départ de la Délégation, la belle ville de Florence, en exprimant le regret de ne pouvoir lui-même la visiter quand il se rendrait en Italie.

Le Marquis Niccolini & M. Deville firent les présentations réciproques, &, au milieu des acclamations des assistants, le cortège se dirigea vers la salle d'attente.

Là étaient rangées les délégations des sociétés patriotiques & militaires; le Syndic présenta successivement à M. Deville & à ses collègues : la Société des officiers retraités du Royaume, le Comité régional toscan des vétérans de 1848-1849, la Société des carabiniers retraités, la Société de la « Fratellanza militare Vittorio Emmanuele II », l'Association des « Reduci delle Patrie Battaglie », la Société des « Reduci Garibaldini », l'Association des survivants des batailles pour l'unité italienne.

Parmi les « Reduci », tous décorés des insignes de leur société & de médailles commémoratives, on remarquait trois survivants de Crimée, le Colonel Palma di Cesnola & les Majors Fornaca & Pozzi.

Les Délégués de Paris saluèrent les membres des associations, en les remerciant de leur manifestation si touchante.

A leur arrivée sur la place de la station, ils furent accueillis par un tonnerre d'applaudissements, aux cris de : « Viva la Francia! Viva Parigi! », poussés par une foule considérable que contenait avec peine un important service de gardes municipaux & de carabiniers.

Ils passèrent devant les élèves des Instituts, rangés sur la place, & montèrent dans les voitures de la Municipalité, dont les cochers & valets portaient la grande livrée de gala aux couleurs de la ville.

Le cortège s'avança lentement à travers la foule qui se pressait sur toutes les voies du parcours & accueillait la Délégation au passage par des applaudissements & des vivats sans cesse renouvelés.

Un groupe d'étudiants, porteurs de drapeaux italiens & français, encadrait les voitures, que suivaient des centaines d'habitants, dont les acclamations ne prirent fin qu'après l'arrivée du cortège au Grand Hôtel, sur la place Manin.

Aux devantures des magasins, ainsi qu'aux fenêtres & aux balcons, garnis de personnes qui agitaient des mouchoirs, flottaient de nombreux drapeaux italiens & français.

La Délégation parisienne fut vivement émue de cet accueil si franc dans sa spontanéité & si sympathique.

Sur la place Manin, un peloton de gardes municipaux à cheval en grande tenue, des carabiniers & des gardes de ville maintenaient la foule qui s'accroissait sans cesse, & les Délégués, avant de pouvoir pénétrer au Grand Hôtel, furent encore l'objet d'une imposante manifestation de sympathie enthousiaste.

Le Syndic & les Assesseurs se retirèrent après avoir conduit M. Deville & ses collègues jusqu'à leur appartement, & les avoir invités à la représentation de gala organisée au théâtre de la Pergola.

La musique municipale vint, dans la soirée, donner sur la place Manin, en l'honneur des hôtes de Florence, un très beau concert fort applaudi par la foule.

LA REPRÉSENTATION DE GALA
AU THÉÂTRE DE LA PERGOLA.

Accompagnés du Syndic, Marquis Niccolini, & des Assesseurs, les Délégués se rendirent, à 9 heures du soir, au théâtre de la Pergola, où l'on donnait, en leur honneur, une représentation de gala de l'opéra de Donizetti, *Lucie de Lammermoor.*

Sur tout le trajet, ils furent accueillis par les applaudissements de la foule, qui se pressait surtout aux abords du théâtre brillamment illuminés.

Lorsqu'ils parurent dans la loge qui leur avait été réservée, le premier acte prenait fin. Les spectateurs se levèrent aussitôt &, par des applaudissements chaleureux, saluèrent les hôtes de la ville. L'orchestre attaqua la *Marseillaise,* qui fut jouée au milieu du plus vif enthousiasme & se termina dans un tonnerre d'applaudissements. Cette ovation se renouvela aux sons de l'*Hymne royal italien,* réclamé par tous les assistants.

IMPRIMERIE NATIONALE.

Les membres de la Délégation prirent place en compagnie du Syndic, de l'Assesseur Comte Parravicino, du Duc Leone Strozzi, de M. Philipson, du Marquis Giorgio Niccolini. Dans les loges voisines se trouvaient les Assesseurs & la plupart des Conseillers municipaux; parmi les assistants on remarquait encore le Préfet de Florence, M. Annaratone, qui vint saluer M. Deville & ses collègues, le Sénateur Prince Strozzi, les Députés Merci & Comte Serristori.

La salle présentait le plus gracieux aspect, & malgré le court délai qui avait été laissé aux organisateurs de la soirée, les habitants de Florence s'étaient, en grand nombre, empressés de venir manifester à leurs hôtes leur courtoise & chaude sympathie.

Lorsque les Délégués quittèrent le théâtre, après que le rideau se fut baissé sur le deuxième acte, ils furent l'objet d'une nouvelle démonstration de la part des spectateurs encore une fois debout pour les acclamer.

LA VISITE DES MONUMENTS ET MUSÉES.

La matinée du jeudi 14 avril fut entièrement consacrée à la visite des principaux monuments de Florence & de ses incomparables musées. La Municipalité, en plaçant en tête de son programme des fêtes ce pur régal artistique, avait comblé le secret désir de ses hôtes, impatients de connaître les merveilleuses collections d'art célèbres dans le monde entier.

A 9 heures du matin, le Syndic Marquis Ippolito Niccolini,

l'Assesseur Comte Parravicino, M. Philipson, conseiller communal, & le Docteur Barni, secrétaire du Cabinet du Syndic, venaient prendre les Délégués à leur hôtel. Sous leur conduite, furent visités successivement le Musée national installé dans le Bargello ou palais du Podestat, l'Académie des Beaux-Arts, l'église Santa Maria Novella avec le Cloître Vert, la chapelle des Espagnols & le Grand Cloître, l'église Santa Croce, qui est appelée le Panthéon national, & enfin le Palais Pitti & la Galerie des Uffizi.

Les conservateurs des musées apportèrent une courtoisie exquise à diriger la promenade des Délégués dans les différentes salles des palais, attirant leur attention sur les œuvres les plus précieuses & les plus renommées. Grâce à l'empressement de leurs guides, le Président du Conseil municipal de Paris & ses collègues purent, malgré le peu d'heures dont ils disposaient, apprécier en détail la richesse inouïe & la valeur unique des œuvres exposées.

LE DÉJEUNER

OFFERT PAR LE SYNDIC DE FLORENCE.

Après cette excursion dans le domaine artistique de la capitale toscane, les Délégués se rendirent au restaurant Doney, où le Syndic Marquis Niccolini leur offrait un déjeuner auquel il avait convié également les membres de la Junte & de la Commission des fêtes.

A midi & demi se trouvèrent ainsi réunis, à côté du Syndic de Florence & des Représentants de la Municipalité de Paris, M. Annaratone, préfet de Florence; MM. les Assesseurs Prince Strozzi, Bargioni, Duc Strozzi, Marquis Giorgio Niccolini, de Notter, Comte Parravicino, Ciofi, Comte Guicciardini, Pegna, del Greco, de Stefani; M. Edoardo Philipson, conseiller communal; M. Lumachi, membre de la Commission des fêtes; M. le Docteur Barni, chef de cabinet du Syndic, & le Comte Gabardi, représentant la Presse.

Le déjeuner fut servi magnifiquement, au milieu de la plus franche cordialité.

Au dessert le Syndic salua ses hôtes en ces termes :

Parmi les plus belles satisfactions de ma vie, je me rappellerai toujours cette sympathique & cordiale réunion, qui me fournit l'occasion de resserrer les liens de notre amitié, si vous me permettez de donner ce nom au sentiment qui nous unit.

Hier à votre arrivée, j'ai eu l'honneur de vous recevoir & de vous saluer en qualité de Syndic de Florence; j'espère que vous voudrez bien agréer aujourd'hui l'expression de mes sentiments personnels de considération & d'estime & les souhaits sincères que je fais pour votre bonheur & le bonheur de vos familles.

M. Deville répondit ainsi aux aimables paroles du Marquis Niccolini :

Je renouvelle mes remerciements sincères pour la splendide hospitalité que les Représentants de Paris reçoivent à Florence & surtout pour l'accueil gracieux & courtois que leur a fait toute la cité, qui a confirmé aussi en cette circonstance ses traditions nobles & glorieuses.

Sous ce beau ciel bleu & serein, parmi les richesses de vos splendides

FLORENCE

Le banquet offert par le Marquis Ippolito Niccolini, syndic de Florence

(14 avril 1904)

Cliché Cattani, Florence

Imp. Ch. Wittmann

souvenirs artistiques, habite une population grande & généreuse, qui rend Florence toujours plus chère & plus agréable à celui qui a l'honneur de la visiter.

Je bois à la santé du Syndic de Florence, de vous tous, Messieurs, & je fais les vœux les plus ardents pour votre prospérité, pour la prospérité de tous ceux qui vous sont chers.

Ces deux toasts furent accueillis par les plus vifs applaudissements &, l'approbation unanime des convives montra combien les paroles prononcées répondaient au sentiment intime de chacun d'eux.

LA RÉCEPTION AU PALAZZO VECCHIO.

La place della Signoria centre de tout le mouvement de Florence, est bordée, sur l'un de ses côtés, par l'imposante masse du Palazzo Vecchio dont la haute tour domine toute la ville.

C'est au Palazzo Vecchio que siège la Municipalité.

Elle y avait organisé, pour le 14 avril, une réception grandiose en l'honneur des représentants de la Ville de Paris.

Lorsqu'à 4 heures M. Deville, M. Bussat & M. Mossot arrivèrent en voiture sur la place della Signoria, ils furent accueillis par les applaudissements enthousiastes des Florentins venus en foule & par les cris répétés de « Viva la Francia ! ». En même temps la musique Michel-Ange, placée sous la Loggia dell' Orcagna, faisait entendre la *Marseillaise.*

Les membres de la Délégation parisienne descendirent au pied du péristyle. Sur les marches attendaient les huissiers de la Municipalité, qui avaient, comme aux grandes cérémonies d'apparat, revêtu les anciens costumes moyen âge mi-partis de bleu & de rouge; ils portaient soit la masse d'argent, soit les longues trompettes droites, aux couleurs de la ville; également costumé, l'un d'eux tenait en mains le gonfalon de la commune de Florence.

Au son éclatant des trompettes, le cortège s'engagea entre deux rangées de gardes municipaux & de carabiniers & pénétra dans la cour du palais, dont les pompiers en grande tenue occupaient les portiques, puis, par l'escalier d'honneur brillamment décoré, il parvint au premier étage & se dirigea vers la salle des Deux Cents, actuellement salle du Conseil, où avaient déjà pris place les Assesseurs & les Conseillers communaux.

Le Syndic de Florence, Marquis Ippolito Niccolini, s'installa à son fauteuil : à sa droite était M. Deville; à sa gauche, M. Bussat & M. Mossot.

Derrière eux se tenaient debout le porte-étendard & les massiers.

Les tribunes du public avaient été réservées aux invités de la Municipalité : on remarquait, parmi eux, les représentants des associations civiles & militaires qui s'étaient rendues la veille à la gare pour y recevoir les Délégués parisiens.

Dans la salle se trouvaient les principales autorités de l'État, de la province & de la ville; parmi eux : le Préfet, M. Annaratone, le Sénateur Canonico, les Députés Merci & Comte Serristori, le Général Ponza di San Martino, les représentants de la magistrature, &c.

Le Syndic, ayant ouvert la séance, prononça, en italien, le discours suivant :

Messieurs,

Florence compte ce jour parmi les jours heureux & mémorables de son histoire, puisque vous, Représentants de la Ville de Paris, de cette grande métropole de la civilisation moderne, vous faites un insigne honneur, par votre présence dans les murs du Palais Vieux, à la patrie de Dante, heureuse & fière d'une si solennelle manifestation de sympathie entre les deux peuples latins.

Nous avons encore dans l'esprit, & surtout dans nos cœurs, l'écho de ces paroles d'affection & d'admiration par lesquelles, bien méritant Président Deville, vous avez salué, dans votre pays, au nom du Conseil municipal de Paris, nos jeunes & bien-aimés Souverains.

Il nous souvient en outre que, même dans vos discussions & délibérations du Conseil, le nom de l'Italie fut prononcé comme un nom cher à vous & à vos concitoyens. Il me suffit de citer les paroles par lesquelles un de vos collègues, M. Quentin-Bauchart, dans une séance de décembre 1903, rapportant sur le mouvement d'art industriel en Italie, en faisait l'éloge & ajoutait : « Nous avons avec l'Italie un terrain d'entente tout préparé : l'étroite parenté de nos origines & le fraternel génie de nos races, qui dans le passé produisit tant de chefs-d'œuvre. Ce serait une nouvelle union à réaliser avec une nouvelle Renaissance. »

Liens de race & liens de pensée unirent toujours l'Italie à la France, Florence à Paris.

Ce sont les marchands de la République florentine qui vinrent vous apporter leurs tissus; ce sont nos artistes qui, à l'époque de la Renaissance, travaillèrent dans la ville qui, à partir du moyen âge, apparaît comme le phare du monde. Nous ne pouvons oublier que, dans la période heureuse de notre relèvement politique, beaucoup de nos exilés vinrent respirer parmi vous l'air de la liberté; aussi l'un d'entre eux, notre illustre Terenzio Mamiani, pouvait-il écrire de Paris en 1839 :

« Grâce à la généreuse hospitalité de la France, je serais arrivé à jouir d'une vraie & longue douceur, s'il n'avait pas été tout à fait impossible aux fils vagabonds & fugitifs de l'Italie, pendant leur exil & pendant l'humiliation de leur patrie, de savourer une goutte pure & toute sincère du miel de la vie. »

Mais, par-dessus tout, le lien d'amitié qui unit les deux peuples fut consacré lorsque la jeunesse de France accourut, avec la joie spontanée de frères d'armes, verser son sang pour la justice & la liberté, sur les champs de Magenta & de Solférino.

Dans ce palais, où, trois siècles auparavant, avaient été célébrées solennellement les noces des deux princesses de la maison de Médicis qui partaient pour devenir reines de France, le gouvernement provisoire de la Toscane acclama le passage de vos soldats le 28 mai 1859.

Le Gonfalonier de la commune de Florence, en avisant la population haletante de saluer nos frères de France (comme depuis lors nous avons l'habitude de vous appeler), disait :

« Les alliés du roi Victor-Emmanuel sont toujours les bienvenus parmi nous. Qui expose sa vie pour la cause de notre indépendance, en partageant gloire & périls avec les soldats italiens, a droit à notre affection, à notre reconnaissance. »

Les démonstrations continuelles & joyeuses que les Florentins firent à vos soldats furent comme le transport d'allégresse de cœurs comblés de joie. Pas une maison, pas une fenêtre où ne flottât le drapeau français à côté du drapeau italien, à côté de notre symbole de rédemption.

Grande, sublime poésie des souvenirs, gloire de notre patrie & de la vôtre.

Messieurs, à bon droit, en ce jour & en ce lieu, lorsque nous rappelons les gloires des deux nations, nous pouvons & nous devons aussi rappeler les antiques gloires municipales de France & d'Italie.

Les évolutions de votre grande métropole & celles de notre Florence montrent quelle part ont les communes dans l'histoire des peuples.

« Les communes, a dit un de vos écrivains, sont les meilleures écoles de la science sociale & du patriotisme. »

La commune de Florence, vous le savez bien, a ses traditions antiques de vraie démocratie, & c'est à ses qualités démocratiques qu'elle doit sa grandeur. Ces traditions, dont nous avons tous encore le vif & fort sentiment, nous rendent dignes de vous saluer comme des collègues & des frères, & d'envoyer, au nom du peuple de Florence, saluts & souhaits à votre cher Paris, à votre grande patrie : saluts & souhaits semblables à ceux que récemment la troisième République française adressa au troisième Roi d'Italie.

Ce beau discours, que le Syndic prononça d'une voix forte, fut, à maintes reprises, interrompu par les applaudissements, surtout quand l'orateur rappela l'appui prêté par la France à l'Italie en 1859.

Lorsque le Marquis Niccolini eut fini de parler, une salve d'applaudissements éclata dans toute la salle : les assistants, tous debout, acclamèrent les hôtes de la ville.

Le Président du Conseil municipal de Paris se levait pour répondre, mais, au même moment, le Conseiller socialiste Pescetti, membre du Parlement, demanda la parole. Au nom de la minorité socialiste du Conseil communal, M. Pescetti adressa un salut chaleureux à la Ville de Paris qui a donné l'exemple de la civilisation, & dont l'énergie populaire est la promesse d'un avenir meilleur. Il se dit heureux de rappeler que Paris donna asile à ceux qui durent quitter leur pays au moment où la liberté chancela.

« M. Deville à son tour dit, suivant le compte rendu de la *Nazione,* que ses collègues & lui conserveraient profondément la douce impression de l'accueil reçu en Italie & particulièrement à Florence, dont il célébra les traditions artistiques & la noblesse dans une sorte d'hymne.

IMPRIMERIE NATIONALE.

« Lorsqu'il ajouta qu'il apportait à Florence, à l'Italie, le salut de Paris & de la France, de chaudes approbations éclatèrent. L'heureux orateur affirma que, dans l'échange continuel d'idées artistiques entre les deux nations sœurs, la France a reçu plus qu'elle n'a donné.

« Le Président du Conseil municipal de Paris fut encore applaudi chaleureusement, surtout quand il dit que le lien qui désormais unit d'une amitié si affectueuse la France & l'Italie ne sera plus jamais brisé.

« Il exprima sa gratitude pour l'hommage rendu à lui, à ses collègues & à la France par la majorité & la minorité qui travaillent en commun & d'accord pour le bien de la belle Florence. »

Et le journal *Resto del Carlino* ajoute : « ... M. Deville, payant de retour le salut de la minorité, dit que Paris a toujours été hospitalier à tous, quelles que fussent leurs idées, du moment qu'ils travaillaient pour la liberté. »

Le discours de M. Deville fut accueilli par les acclamations unanimes des assistants, & le Syndic leva la séance aussitôt.

Le cortège se reforma, & de nouveau précédés par les trompettes, les massiers & le porte-étendard, les Représentants du Conseil municipal de Paris, accompagnés du Syndic & des Assesseurs & suivis des Conseillers municipaux, se rendirent aux anciens appartements de Léon X, occupés par l'Administration municipale. Après avoir traversé la grandiose & vaste salle du Grand-Conseil ou Salon des Cinq-Cents, dont la longueur est de plus de cinquante mètres, la largeur & la hauteur de vingt mètres, & qui conserve, magnifiquement peints à fresque sur ses murailles, les plus célèbres épisodes de l'histoire de Florence, on parvint au Cabinet du Syndic. Partout des fleurs à profusion, sans que, cependant, cette décoration vînt atténuer l'éclat & la richesse des œuvres d'art qui, dans toutes les salles, attiraient l'attention des invités.

Le Syndic présenta aux Délégués parisiens le registre d'honneur du Palais municipal sur lequel sont recueillies les signatures de toutes les personnalités dont la Municipalité reçoit la visite. M. Deville, M. Bussat & M. Mossot ajoutèrent leur nom à la suite des noms de nombreux visiteurs, parmi lesquels ils eurent le plaisir de reconnaître ceux de la plupart de nos grands artistes, peintres ou sculpteurs.

Le Marquis Niccolini les conduisit ensuite dans la salle de la Junte, où un buffet avait été préparé. Le Président du Conseil municipal de Paris & ses collègues furent l'objet du plus courtois empressement de la part des membres de tous les groupes de la Municipalité florentine & des autorités de la ville; les conversations entre Italiens & Français prirent dès le début le caractère de la plus remarquable cordialité & se poursuivirent longtemps encore pendant la visite des salles du second étage, qui complètent si heureusement l'ensemble imposant du Municipe de Florence.

Les membres de la Délégation parisienne quittèrent le Palazzo Vecchio à 5 heures & demie, en manifestant à leurs collègues florentins toute leur admiration pour la beauté du palais municipal & pour la merveilleuse réception à laquelle il avait servi de cadre.

LE DÎNER AUX «CASCINE».

Le même soir, la Municipalité de Florence offrait au Président du Conseil municipal de Paris & à ses collègues un dîner dans le palais des «Cascine», situé au milieu de la belle promenade qui s'étend hors de la ville, le long de la rive droite de l'Arno.

Quand les Représentants de Paris arrivèrent sur la place qui précède le palais, ils y furent accueillis par les vivats de la foule.

La musique du 33e régiment d'infanterie, installée dans une cour intérieure, fit entendre aussitôt les sons de la *Marseillaise* qui soulevèrent les applaudissements prolongés des assistants.

M. Deville, M. Bussat & M. Mossot furent reçus au pied de l'escalier par les membres de la Municipalité & conduits, à travers les salons garnis de plantes & de fleurs, jusqu'à la longue salle du banquet.

La table était surchargée de fleurs rares parmi lesquelles s'avivait l'éclat de l'argenterie & des cristaux.

A la place d'honneur & face au Syndic de Florence, Marquis Ippolito Niccolini, le Président du Conseil municipal de Paris, M. Deville, avait à sa droite M. Tancredi Canonico, sénateur, & à sa gauche le Préfet, M. Annaratone.

FLORENCE

Menu du banquet du Palais des « Cascine »

(14 avril 1904)

DINER DU 14 AVRIL 1904

Potage à la Médicis
Petites Timbales des foies-gras
à la Périgord
Saumon du Rin ravigote
Noix de veau à la Godard
Mauviettes farcies en choufroid
Asperges en branches
Pintades piquées au Cresson
Salade à la Moderne
Glace "Maison d'Or"
Gateau "Excelsior"

Chianti Vecchio – Corvo blanc – Balbino
Barolo Vieux – Môet – Sillerj

M. Bussat & M. Mossot prirent place à droite & à gauche du Syndic.

Parmi les convives figuraient : MM. les Sénateurs Villari, Prince Strozzi, Suchini & le Général Ponza di San Martino, commandant la Division; MM. les Députés Comte Serristori & Merci; M. le Conseiller délégué Talpo; M. Penserini, premier président de la Cour d'appel; M. Vocaturo, substitut du procureur général de la Cour d'appel; M. Nuti, directeur de la Maison royale; le Colonel Arduino; M. André, président du Comité de l'Alliance française; M. Riblet, président de la Société française de bienfaisance; M. Lami, représentant la Députation provinciale; les Assesseurs communaux, MM. Ciofi, Marquis Giorgio Niccolini, de Notter, Duc Strozzi, Pegna, del Greco, Bargioni, Comte Parravicino & de Stefani, & de nombreux Conseillers municipaux, MM. Dainelli, Capacci, Chiari, Vitta, Malenotti, Faldi, Alessandri, Philipson, Pampaloni, Corsi, Binazzi, Serragli, Pauer, Parenti, Gatteschi, Nespoli, Betti, Gori, Berni, Spigliati, &c.; MM. Carlo Gabbrielli, Lumachi, Valvarossi, du Comité des fêtes; les principaux chefs de service de la Municipalité, le Chef de cabinet & le Secrétaire de M. Deville, & les représentants de tous les journaux de Florence.

Les cartes du menu, artistement illustrées, étaient l'œuvre des dessinateurs du Municipe.

Au dessert, le Syndic prononça, en français, le discours suivant :

Aujourd'hui vous avez pu admirer, en une rapide visite, les souvenirs & les monuments de l'activité municipale de nos ancêtres.

Nous avons voulu, ce soir, vous recevoir ici, dans la paix de nos jardins, sur les rives ombreuses de l'Arno.

C'est une heure de repos à laquelle nous avons droit, une heure de repos qui nous permet de porter l'attention sur l'idéal qui en deçà & au delà des Alpes a toujours guidé les nations & leurs municipalités.

Certes, ce fut une belle & noble pensée de la Municipalité parisienne que de vous envoyer, dignes interprètes de sa courtoisie, visiter nos villes & nous apporter l'expression de la sympathie qui unira toujours l'Italie & la France.

A Turin, berceau de la nouvelle Italie; à Milan, image du travail & de l'industrie de notre peuple; à Venise, superbe par ses souvenirs d'histoire & de beauté; à Ravenne, qui recueillit la succession de la Rome Impériale; à Bologne, patrie du droit italien; ici, dans notre Florence, qui est une part si grande de l'esprit italien, partout vous avez compris qu'un seul sentiment nous inspire à l'égard de la France amie.

C'est pour cela qu'en vous offrant une nouvelle attestation de ce sentiment, je bois à vous, chers collègues & amis, à la santé de l'illustre Président de la République, à la prospérité de Paris, cœur de la France, à l'avenir de votre patrie très aimée.

Une longue acclamation & des applaudissements répétés accueillirent la fin de ce toast affectueux & enthousiaste, dont chaque phrase avait été soulignée par les approbations unanimes des assistants.

« M. Deville, écrit encore *La Nazione,* se leva alors très ému.

« Il dit qu'à la nouvelle manifestation de sympathie & de bienveillance, aux paroles si fraternellement amicales du premier magistrat de la ville, lui & ses collègues éprouvaient la plus profonde gratitude.

« Il déclara qu'ils se sentaient inspirés d'une même pensée

d'affection pour cette illustre ville, de laquelle se répand une telle lumière de savoir ainsi qu'une si prestigieuse gloire d'art, & il affirma que, si, dans toutes les villes d'Italie déjà visitées, les représentants de la commune de Paris avaient trouvé, à chaque pas, les témoignages de la gracieuse hospitalité italienne, ils devaient avoir une impression particulière dans cette ville toujours célèbre pour sa «gentilezza».

« Il fit remarquer que le caractère même des joyeux accueils, inspirés du cœur, était la plus sûre garantie de leur sincérité & donnait pleine assurance que les liens d'amitié ne seront jamais rompus; puis il ajouta que lui & ses compagnons considéraient comme faites au pays lui-même ces démonstrations de fraternité & qu'ils seraient bien heureux, à leur retour à Paris, de raconter comment ils ont été reçus parmi nous.

« Il forma des vœux pour l'heureux avenir des deux États, unis dans la même résolution de se donner la main réciproquement pour le bien de leurs peuples.

« Enfin, relevant le salut que l'honorable Syndic avait porté au Président de la République, l'heureux orateur fit allusion à la très prochaine visite de M. Loubet à la glorieuse capitale de l'Italie, &, après d'autres paroles pleines d'une profonde affection pour notre pays, il termina en buvant, avec de respectueuses paroles, aux Souverains d'Italie, à la prospérité de notre patrie & de Florence.

« Les applaudissements qui avaient interrompu plusieurs fois cette improvisation si admirable & si attrayante dans sa simplicité, sevrée de tout artifice oratoire & nourrie des plus délicates pensées, éclatèrent à la fin avec encore plus d'intensité. »

Le même journal ajoute : « La musique militaire qui, pendant tout le cours du dîner, avait donné un remarquable concert, joua successivement la *Marseillaise* & la *Marche royale,* que tous les assistants écoutèrent debout. »

Les convives quittèrent la salle du banquet & se rendirent dans les salons voisins, où se poursuivirent, amicales & familières, les conversations commencées à table.

La foule arrêtée sur la place s'était peu à peu grossie des promeneurs que la douce température & le ciel clair avaient attirés aux « Cascine », & de nombreux jeunes gens venus à bicyclette de la ville. Lorsque les invités de la Municipalité parurent aux fenêtres ouvertes sur le jardin, ils furent acclamés frénétiquement aux cris de « Viva la Francia ! », pendant que les cyclistes entonnaient la *Marseillaise,* qu'ils accompagnaient des sons plus éclatants qu'harmonieux des trompes de leurs bicyclettes.

Les Délégués parisiens quittèrent le palais des « Cascine » à onze heures passées & furent de nouveau acclamés par la foule quand leurs voitures reprirent le chemin de Florence. Derrière celles-ci, les bicyclistes improvisèrent un cortège.

Lorsque, à près de minuit, on parvint dans les rues de Florence, celles-ci étaient désertes & silencieuses. A ce moment les trompes entrèrent de nouveau en jeu : cette manifestation bruyante arracha à leur premier sommeil les habitants, dont un grand nombre se précipitèrent aux fenêtres pour se rendre compte de ce qui arrivait. Heureusement le parcours était bref & bientôt tout rentra dans le calme.

En prenant congé de M. Deville & de ses collègues à la porte de l'hôtel, le Marquis Niccolini dit en souriant : « Je ne tolère jamais le moindre bruit dans la rue la nuit, mais ces jeunes gens malicieux savent bien que je ne puis terminer une si belle journée en sévissant contre eux. »

LA RÉCEPTION
CHEZ LE PRÉFET DE FLORENCE
AU PALAIS RICCARDI.

Sur les instances du Syndic & des Assesseurs, M. Deville avait consenti à retarder d'un jour son départ. Profitant de ce délai, le Préfet de Florence, M. Annaratone, invita les Représentants de Paris à une réception donnée en leur honneur dans l'après-midi du 15 avril.

La matinée fut consacrée à une promenade dans la campagne de Florence & à la visite de la grande manufacture de porcelaines « Richard-Ginori », à Doccia.

Pendant que M. Bussat, rappelé à Paris, regagnait la France en passant par Pise, MM. Deville & Mossot, accompagnés du Syndic de Florence, du Marquis Giorgio Niccolini & du Comte Parravicino, assesseurs, & du Docteur Barni, secrétaire du cabinet du Syndic, furent reçus par le Directeur de la manufacture, le Comte Buschetti, entouré du personnel administratif. Après la visite des ateliers, des magasins & des salles d'exposition,

IMPRIMERIE NATIONALE.

un déjeuner réunit dans une de ces dernières les visiteurs & le haut personnel de la manufacture.

M. Deville complimenta le Directeur sur l'activité de l'établissement, & lui exprima sa vive admiration pour une organisation qui permettait de joindre avec tant de succès la production artistique à la production industrielle.

On regagna Florence, &, à 3 heures, M. Deville, M. Mossot & le Syndic pénétraient dans le Palais Riccardi, siège de la Préfecture de Florence.

Ils furent reçus au haut du grand escalier par le Préfet, M. Annaratone, qui les conduisit dans ses appartements où ils furent alors accueillis, avec la plus parfaite bonne grâce, par Mme & Mlle Annaratone, auprès de qui se tenaient : la Marquise Nina Niccolini, femme du Syndic de Florence; la Marquise Virginia Niccolini, femme de l'Assesseur municipal; les représentants de la Députation provinciale, MM. Guido Parigi, Marchettini, Francesco Rossi, Maldoni, ainsi que le Secrétaire général, M. Benvenuti.

Assistaient également à la réception : M. Tancredi Canonico, sénateur; M. Penserini, premier président de la Cour d'appel; M. Rossi, président de la même Cour; M. Hermite, procureur général; M. Pio Cavalli, son substitut; MM. les Assesseurs communaux Marquis Giorgio Niccolini, Ciofi, Comte Parravicino; M. Nuti, directeur de la Maison royale; le Lieutenant-Général Corsi; M. Vitta, M. Biagi, bibliothécaire en chef des Bibliothèques Laurentienne & Riccardienne; M. Pirogalli, questeur. Le Préfet était en outre assisté de M. Talpo,

Conseiller délégué, des Conseillers de préfecture, de son Chef de cabinet & de ses Secrétaires.

M. Deville & M. Mossot visitèrent les magnifiques salons de l'appartement du Préfet, garnis sur tout leur pourtour de merveilleuses tapisseries anciennes; ils passèrent ensuite dans les salles réservées à la Députation provinciale, que, sous la conduite de M. Benvenuti, secrétaire général de cette Assemblée, ils parcoururent successivement, admirant les précieuses peintures & les tapisseries qui les décorent, & surtout les fresques de l'imposante salle de Luca Giordano. De la salle du Conseil provincial, brillamment éclairée à la lumière électrique, ils se rendirent dans la Bibliothèque Riccardienne, riche notamment d'admirables manuscrits anciens, puis dans la Bibliothèque Morénienne, propriété de la Province.

Cette visite terminée, les Délégués parisiens & les invités regagnèrent les appartements du Préfet; dans la salle à manger était dressé un somptueux buffet.

Le Préfet, Mme & Mlle Annaratone, qui avaient accompagné M. Deville & M. Mossot dans les différentes salles du palais, leur firent, avec une courtoisie & un charme exquis, les honneurs de leur maison & les souhaits les plus affectueux furent échangés de part & d'autre.

Avant de quitter le palais Riccardi, les Représentants de Paris & tous les assistants visitèrent la chapelle & ses merveilleuses fresques, peintes au xve siècle pour les Médicis par Benozzo Gozzoli; puis, M. Deville & M. Mossot prirent congé du Préfet en le remerciant de la belle fête donnée en leur honneur & en exprimant toute leur admiration pour les œuvres d'art qui décorent le palais de la Préfecture.

À FIÉSOLE.

Immédiatement après leur sortie du palais Riccardi, les Délégués parisiens se rendirent place du Dôme, où les attendait une voiture du tramway électrique qui devait les emmener à Fiésole & que la Municipalité avait fait réserver à cet effet.

Ils y prirent place avec le Syndic Marquis Niccolini, les Assesseurs Marquis Giorgio Niccolini & Comte Parravicino; le Docteur Barni, secrétaire du syndic; M. Grasselli, directeur de la police municipale, & M. Lumachi, membre du Comité des fêtes.

A 5 heures, le tramway arrivait sur les hauteurs où est bâtie l'antique Fiésole.

Le Président du Conseil municipal de Paris & M. Mossot furent reçus, à leur descente de voiture, par le Syndic de Fiésole, M. Ettore Fanfani; MM. les Assesseurs Fancelli, Pegna, Professeur Edlmann, président de la Commission archéologique; MM. les Conseillers communaux Ballanti & Paoli; le Docteur Cardelli; le Docteur Bruschi. Les habitants, qui s'étaient portés en foule sur la grande place de la ville, où avait lieu cette réception toute spontanée, accueillirent les Représentants de Paris par plusieurs salves d'applaudissements.

Sous la conduite du Professeur Edlmann, du Chanoine Pratellesi & de M. Jodoco del Badia, on visita successivement la cathédrale, les ruines du théâtre romain & des thermes, puis les murs étrusques qui constituaient l'enceinte fortifiée & dont la conservation est absolument remarquable.

Le Syndic de Fiésole mena ensuite les visiteurs au restaurant « Aurora », dont la magnifique terrasse domine à une grande hauteur le panorama merveilleux qu'offrent Florence & la plaine de l'Arno bornée au loin par de larges collines.

Des rafraîchissements furent servis par les soins de la Municipalité. Le Syndic, M. Fanfani, trouva les mots les plus heureux pour saluer les Représentants de Paris au nom de la population de Fiésole; M. Deville le remercia de la chaleureuse réception faite par la Municipalité & les habitants aux Délégués de la Municipalité parisienne, & fit des vœux pour la prospérité de l'antique cité & de ses campagnes fleuries.

Lorsque, après s'être arrêtés quelques instants devant l'exposition des objets de paille dont la fabrication est la spécialité de Fiésole, les visiteurs regagnèrent le tramway électrique, la population fit une nouvelle ovation à M. Deville & à M. Mossot, & ce fut au milieu des applaudissements les plus enthousiastes que la voiture commença à redescendre vers la belle Florence, que doraient les derniers rayons du soleil couchant.

LE DÉPART.

Les Représentants de Paris avaient fixé leur départ au samedi matin 16 avril. Ils devaient se rendre à Sienne par chemin de fer.

Un conseiller communal, M. Philipson, leur offrit aimablement de les conduire à Sienne en automobile, ce qui leur permettrait de mieux admirer la campagne toscane.

M. Deville ne pouvait que répondre affirmativement à la gracieuse démarche de M. Philipson.

Le 16 avril donc, à 9 heures du matin, une automobile venait prendre les Délégués parisiens à leur hôtel. Ceux-ci échangeaient à ce moment les paroles d'adieu les plus amicales avec le Syndic Marquis Ippolito Niccolini & les Assesseurs Duc Strozzi, Marquis Giorgio Niccolini, Comte Parravicino, Comte Guicciardini, Ciofi, Professeur de Notter & Docteur Bargioni.

M. Deville exprima une dernière fois au Syndic & à ses Collègues la joie & l'émotion qu'il ressentait de l'accueil magnifique & affectueusement enthousiaste que la Municipalité & la population de Florence avaient fait aux Représentants de Paris.

Puis il monta dans la voiture où prirent place également M. Philipson & M. Mossot, & l'automobile s'éloigna rapidement, après que les Représentants des deux villes se furent salués une dernière fois.

Il est à noter que des manifestations de sympathie entre Florentins & Parisiens s'étaient produites même en dehors des Municipalités.

C'est ainsi que, par une très heureuse & délicate pensée, le Commandant du Corps des Pompiers de Florence avait envoyé au Commandant du Régiment de sapeurs-pompiers de la Ville de Paris le télégramme suivant :

Colonel commandant sapeurs-pompiers, Paris.

Profitant fortunée circonstance visite Florence honorables Représentants Municipalité Capitale France, sapeurs-pompiers Florentins envoient cordial fraternel salut valeureux Régiment sapeurs-pompiers Ville Paris.

PAPINI,
Commandant.

Le Colonel Bellanger, commandant le Régiment des sapeurs-pompiers de Paris, avait immédiatement répondu par le télégramme suivant :

Commandant sapeurs-pompiers, Florence.

Sapeurs-pompiers de Paris remercient les vaillants sapeurs-pompiers Florentins pour cordial salut & leur témoignent sympathique confraternité.

Colonel BELLANGER.

SIENNE.

Le voyage en automobile à travers la Toscane fut un émerveillement. Dans ce pays accidenté, les routes ignorent la ligne droite : tantôt elles contournent les collines, tantôt elles les escaladent. Mais aussi quels sites incomparables se succèdent au cours du trajet : à chaque instant le tableau change.

Ce qui frappe le plus l'esprit, c'est de reconnaître dans la campagne actuelle les paysages qui donnent tant de caractère aux tableaux des Primitifs Toscans : les pins parasols & les cyprès se dressent encore sur les sommets & les pentes des collines, tantôt groupés en bouquets, tantôt épars & isolés.

De temps en temps on traversait un de ces villages toscans, qui toujours coiffent une colline; le bruit du passage des Représentants du Conseil municipal de Paris s'était déjà répandu, car partout la population se trouvait massée dans les rues, contenue par la force publique locale. Sans doute il fut difficile à la foule de se faire une idée de la physionomie des Délégués, car tous portaient de larges lunettes de chauffeurs, & l'automobile allait si vite! Pas si vite cependant que le Président du Conseil municipal de Paris & ses compagnons n'eussent le temps de recevoir, au passage, des marques de sympathie & de constater qu'on avait arboré des drapeaux en leur honneur.

Toutefois il y eut un arrêt forcé, bienheureux arrêt qui permit de contempler plus longuement le splendide panorama dont on jouissait de la route, à cet endroit construite en terrasse sur le flanc d'une colline. Il s'était produit dans le mécanisme de la voiture un accident que le mécanicien se mit en devoir de réparer immédiatement.

Sur ces entrefaites arriva une autre automobile. Son propriétaire, un Conseiller de la province de Florence, s'offrit courtoisement à prendre M. Deville, pour que tout au moins le Président du Conseil municipal de Paris fût exact au rendez-vous donné par la Municipalité de Sienne. La proposition fut acceptée. Cependant, après quelques recherches, le mécanicien constata qu'on ne pourrait plus marcher à la vitesse minima, mais que rien n'empêchait de partir pourvu que ce fût à belle allure. On se remit donc en route à toute vitesse si bien qu'on rattrapa M. Deville, qu'on le reprit & qu'à midi sonnant la Délégation & M. Philipson arrivèrent à Sienne.

A la porte Camollia, ils furent reçus par le Syndic de Sienne, M. Lisini, & par M. Barduzzi, assesseur communal, qui attendaient avec des landaus.

La foule s'était portée à leur rencontre & les accueillit par des applaudissements & des vivats.

Le cortège se dirigea aussitôt vers le centre de la ville.

Sienne a conservé un aspect moyen âge qui lui donne un caractère particulier. Elle est bâtie sur plusieurs collines accolées l'une à l'autre & qui étayent un sommet unique

IMPRIMERIE NATIONALE.

couronné par la cathédrale; les rues étroites sont sinueuses & escarpées.

C'est par le dédale de ces rues, qu'après un court arrêt au Grand Hôtel les Délégués, toujours accompagnés du Syndic, de M. Barduzzi & de M. Philipson, se rendirent à l'hôtel des «Tre Donzelle» où la Junte & les Conseillers municipaux leur offraient un banquet.

Il y avait environ trente convives.

Au champagne, M. Lisini, syndic de Sienne, parlant en italien, adressa à M. Deville & à ses compagnons son salut fraternel en même temps que le salut de la *piccola città di Siena,* heureuse de recevoir les Représentants de la grande Ville, Capitale de la généreuse France. Il termina en buvant à la paix & à l'amitié fraternelle des peuples français & italien.

M. Deville répondit en exprimant tout d'abord le regret de ne pouvoir parler italien. Il remercia le Syndic, la Junte & les Conseillers municipaux de leur délicate courtoisie & de leur charmante hospitalité, & dit combien il était heureux de la sympathique démonstration des Siennois à l'égard des Délégués parisiens. Puis, faisant allusion aux paroles du Syndic, il ajouta que, si la ville de Sienne était petite par ses dimensions, elle était grande par son antique origine & par sa glorieuse histoire. Enfin il but à Sienne en disant :

Non alla piccola Siena auguro fortuna e prosperità proporzionata alla sua gloria, ma all'antica, nobile e bella città.

Les applaudissements, qui avaient accueilli les paroles du Syndic, reprirent avec frénésie aux derniers mots prononcés par M. Deville, & chacun leva son verre en l'honneur des deux villes & des deux nations.

Sous la direction du Syndic & des Assesseurs, les Délégués firent une rapide promenade dans la ville; ils visitèrent successivement l'Hôtel de Ville, magnifique palais ancien surmonté d'une tour de plus de cent mètres & précédé d'une place en hémicycle où devait se courir le lendemain, en présence du Roi, la célèbre course du «Palio», puis la merveilleuse cathédrale, avec sa bibliothèque décorée de fresques incomparables & son pavement de marbre.

Les voitures se dirigèrent ensuite vers la gare. Sur le quai M. Deville exprima au Syndic l'admiration que ses compagnons & lui ressentaient pour les artistiques beautés de Sienne, puis, s'adressant à M. Philipson, il le remercia vivement de son amical empressement à faire connaître aux Délégués de Paris les merveilles de Florence & de la Toscane.

Le train quitta Sienne à 3 heures & demie, & la Délégation arrivait à Rome, le même soir, à 10 heures.

A la gare, elle eut l'agréable surprise de trouver le Prince Prospero Colonna, syndic de Rome, venu pour la saluer au passage. Il avait fait préparer un dîner au buffet, & l'heure que l'on passa ensemble, entre deux trains, s'écoula rapide pendant que le Syndic de Rome s'entretenait avec M. Deville & M. Mossot des fêtes données à Paris en l'honneur de LL. MM. le Roi & la Reine d'Italie, ainsi que de celles préparées par Rome pour fêter la venue du Président de la République française.

Le Prince Colonna accompagna les Délégués jusqu'à leur wagon, en leur exprimant tout le plaisir que la Municipalité de Rome aurait à les recevoir à leur retour de Naples & de la Sicile. M. Deville promit d'être revenu à Rome le 23 avril, & à minuit le train partit dans la direction de Naples.

PISE.

Le Syndic de Pise, M. Canovari, & le Syndic de Pérouse avaient l'un & l'autre invité M. Deville & ses collègues à s'arrêter dans leurs villes, où l'on se préparait à leur faire une sympathique réception.

Et moi, au nom de la Municipalité, avait écrit le Syndic de Pérouse, heureux & orgueilleux d'interpréter les sentiments unanimes de mes concitoyens, je vous prie d'honorer de votre visite notre ville, qui a toujours été des premières en Italie à réclamer avec ardeur le rapprochement entre nos pays & qui, aujourd'hui, serait heureuse de pouvoir vous témoigner, à vous en personne, sa joie du fait accompli.

Retenu par les engagements déjà pris, le Président du Conseil municipal ne put accéder à l'aimable invitation du Syndic de Pérouse, qu'avait appuyée M. Tiberi, le Président de la Société pour la paix & l'arbitrage international siégeant à Pérouse, & il lui en exprima tous ses regrets en le remerciant de sa courtoisie & de sa sympathique démarche.

Par contre, en raison du retour à Paris de M. Bussat, vice-président du Conseil municipal, il fut possible de répondre à l'invitation du Syndic de Pise. M. Deville lui annonça donc qu'à défaut de toute la Délégation, qui ne pouvait changer son itinéraire déjà très chargé, M. Bussat s'arrêterait quelques heures à Pise.

M. Bussat, parti de Florence le 15 avril à 7 heures du matin, arrivait à 9 heures à Pise, où il fut accueilli aux sons de la *Marseillaise,* jouée par la musique municipale, pendant qu'éclataient les applaudissements de la foule qui se pressait aux abords de la gare & sur les quais. Les pompiers en armes & les sociétés de gymnastique occupaient l'intérieur de la station où se tenaient également de nombreux étudiants.

M. Bussat, à la descente du wagon, reçut le salut fraternel de la population par l'organe du Syndic, M. Canovari, entouré des Assesseurs, MM. Bellini, Paoli, Baldi & Balestri. Étaient également présents : le Sénateur Buonamici, le Lieutenant Scarena, le Secrétaire de la Municipalité, M. Bisi, M. Carina & le Secrétaire Fossetti pour la Députation provinciale, M. Supino pour la Chambre de commerce, M. le Professeur Casabon, le Docteur Campani & autres notabilités.

Le Syndic présenta ses collègues & les divers assistants, puis le cortège sortit de la gare, salué par de nouvelles acclamations, & M. Bussat fut conduit en landau à l'hôtel Neptune, où un appartement lui avait été réservé par les soins du Syndic.

A 10 heures, eut lieu à l'Hôtel de Ville une réception en l'honneur du Représentant du Conseil municipal de Paris.

Une foule énorme s'était portée au Palais municipal & en occupait tous les abords : M. Bussat fut accueilli par des acclamations frénétiques & la musique municipale joua la *Marseillaise.* M. Bussat, ému de la chaleureuse manifestation improvisée par la population, fit des gestes de remerciement qui renouvelèrent les applaudissements & les vivats.

Il pénétra dans l'Hôtel de Ville & parvint, par le grand

escalier, aux salles du premier étage & au salon du Syndic, où se trouvaient les autorités de la Ville & où se firent les présentations.

Parmi ceux qui avaient tenu à témoigner, par leur présence, toute leur sympathie à Paris & à la France, on distinguait : le Préfet, M. Gasperini ; le Général Rava, M. David Supino, recteur de l'Université ; M. Marzocchini, député ; M. Supino pour la Chambre de commerce, M. Modigliani pour l'Association commerciale ; M. Masciulli, président du Tribunal ; M. Travega pour la Société des « Reduci », le Lieutenant Bellini pour la « Fratellanza », M. Martini pour les Garibaldiens ; M. Russ, représentant la colonie française ; M. Berg, directeur de l'établissement de la Société de Saint-Gobain, avec son haut personnel, MM. Souter, Roux, Michel, Baticle. Tous les Assesseurs & un grand nombre de Conseillers municipaux s'étaient réunis aux côtés du Syndic.

Du salon du Syndic, on passa dans la grande salle du Conseil municipal où se trouvaient de nombreux citoyens de Pise & un groupe d'étudiants de l'Université avec un drapeau.

A l'apparition de M. Bussat, ils lui firent une ovation imposante aux cris de « Viva la Francia! ».

Les assistants prirent place sur les sièges des conseillers, & le Syndic, M. Canovari, s'adressant à M. Bussat, prononça en français le discours suivant :

C'est la première fois, Messieurs, que je trouve très agréables les devoirs imposés par la qualité de Président du Conseil municipal, parce que je sens vivement l'honneur de donner la bienvenue à M. Bussat, vice-président du Conseil municipal de Paris, l'admirable ville de France.

Je dois, Monsieur le Vice-Président, vous exprimer tous nos remerciements pour la spontanéité avec laquelle vous avez bien voulu accepter de visiter Pise.

L'accueil qui vous a été fait par notre ville est le même que vous avez reçu à Turin comme à Venise, à Bologne comme à Florence.

Nos sentiments sont aussi les sentiments de toute l'Italie.

Monsieur, tous les représentants du Gouvernement, de la province, de la science, du commerce, du travail, du patriotisme & de la coopération sont honorés de s'associer à la ville dans le joyeux accueil à vous fait.

Encore une fois soyez le bienvenu; & maintenant permettez-moi, interprète des sentiments qui nous animent tous, de céder la place au Conseiller Bellini & de vous faire part du salut du Syndic de Livourne & de tous les citoyens de la ville voisine.

Les applaudissements & les acclamations des assistants soulignèrent l'unanimité des sentiments qu'ils ressentaient pour Paris & la France, & dont le Syndic s'était fait l'interprète.

M. Bellini adressa à M. Bussat le salut du Conseil municipal; ses courtoises allusions aux liens qui unissent le peuple italien au peuple français, & à l'affection cordiale que chacun ressent en Italie pour les frères de France, soulevèrent de nouveaux applaudissements.

Puis M. David Supino, recteur de l'Université, porta un salut à la France en formant le souhait que les deux nations se trouvent unies dans les batailles de la science qui pourront donner encore les résultats les plus précieux.

Enfin le Sénateur Buonamici adressa à M. Bussat le salut de

la Province de Pise qui a vu avec une joie extrême l'alliance entre la France & l'Italie; la Province, en effet, n'a rien oublié & elle se rappelle toujours les luttes pour l'indépendance où les deux peuples frères combattirent côte à côte. Le souvenir du sang français versé pour la patrie italienne est ineffaçable.

M. Bussat, répondant au Syndic & aux autres orateurs, dit que jamais il n'avait autant regretté de ne pouvoir s'exprimer en italien : il aurait été heureux d'employer leur langue maternelle afin de dire à tous ceux qui l'entouraient ses sentiments de gratitude pour la réception cordiale & tout affectueuse qui lui était faite & pour les paroles de sympathie qui lui avaient été adressées. Il ajouta que ses collègues & lui avaient été émerveillés de l'accueil si chaleureux de la population italienne & qu'ils avaient retrouvé en Italie les mêmes sentiments de fraternelle amitié pour la France que Paris & la France ressentent pour l'Italie.

Cette amitié réciproque est due à la communauté d'aspirations, de race & de sang, qui lie d'une étroite & inaltérable affection les deux nations sœurs aujourd'hui réunies dans un même amour pour les arts, pour la patrie, pour le progrès.

Les paroles de M. Bussat trouvèrent un écho dans le cœur des assistants : tous applaudirent & poussèrent des vivats en l'honneur de Paris & de la France.

Après quelques instants d'entretien avec le Préfet & les autorités, M. Bussat quitta l'Hôtel de Ville pour aller, avec le Syndic & les membres de la Junte, visiter les principaux monuments de Pise.

12
IMPRIMERIE NATIONALE.

Le cortège se dirigea vers la place où se trouvent le Dôme, la Tour penchée, le Baptistère & le Campo Santo, & parcourut ensuite le Musée civique sous la conduite de son Directeur, l'assesseur Bellini.

A midi & demi, on retournait à l'hôtel Neptune, où la Junte & le Conseil municipal offraient un banquet en l'honneur du Représentant du Conseil municipal de Paris.

LE BANQUET.

Pour la circonstance, l'hôtel Neptune avait été orné de plantes & de fleurs : le couvert était dressé dans le grand salon merveilleusement décoré.

Autour du Syndic, M. Canovari, & de M. Bussat, prirent place les membres de la Junte, les Conseillers municipaux & les représentants de la Presse.

Au champagne, M. Canovari prononça, en français, le toast suivant :

Quand j'eus le plaisir de visiter Paris, je me souviens d'avoir été frappé de lire fréquemment, dans les rues, des inscriptions portant le mot « Fraternité ».

Ce même mot, Messieurs, est aussi gravé dans notre cœur, & sans doute nous croyons qu'il doit resplendir toujours pour éclairer l'union éternelle de la France & de l'Italie. C'est le désir & la volonté des deux peuples latins.

Je suis sûr, Messieurs, que vous vous associerez à moi de grand cœur pour confondre tous nos remerciements dans un toast à M. Bussat.

Je lève mon verre & je bois avec enthousiasme à notre hôte illustre & à la prospérité de la ville qu'il représente.

Vive Paris! Vive la France!

M. Bussat remercia le Syndic de ses sympathiques paroles & des manifestations courtoises de toute la municipalité. Il ajouta qu'il avait ressenti la plus vive émotion en voyant l'accueil que lui faisaient les citoyens de Pise.

Il but à l'Italie & porta la santé du Syndic & de tous les assistants.

Ces deux toasts furent applaudis longuement, puis l'on passa, pour le café, dans le Jardin d'hiver où M. Bussat s'entretint amicalement avec le Recteur de l'Université & les notabilités présentes.

Enfin le cortège se reforma comme à l'arrivée & l'on se dirigea vers la gare.

Sur le quai, au moment de prendre congé, M. Bussat renouvela au Syndic l'expression de sa gratitude, en l'assurant qu'il emportait de Pise l'inaltérable souvenir d'une réception vraiment fraternelle, où la Municipalité, toutes les autorités & la population entière avaient fait assaut de courtoisie à l'égard du Représentant de la Ville de Paris.

C'est au milieu des acclamations & des applaudissements qu'à 2 heures 45 M. Bussat quittait Pise dans la direction de la France.

Le même jour, le Syndic envoyait un télégramme à M. Deville pour lui faire part du vif plaisir qu'avait causé à la population la visite de M. Bussat. Il lui renouvelait en même temps l'invitation de s'arrêter également à Pise lors de son retour en France pour y recevoir l'expression des sentiments sincères d'amitié & de fraternité de la population pisane.

Malheureusement, les circonstances ne permirent pas au Président du Conseil municipal de Paris d'accéder à ce désir si gracieusement formulé.

NAPLES.

La Délégation arriva à Naples le 17 avril à 7 heures & demie du matin.

Elle fut reçue à la gare, malgré l'heure matinale, par le Syndic de Naples, Marquis del Carretto, & MM. les Assesseurs Agresti, Doria, Carrelli, Raiola Pescarini, Zampaglione, Marulli & M. le Conseiller Carfora, vice-syndic.

Quatre huissiers en uniforme accompagnaient le Syndic; le service d'ordre était fait par des gardes municipaux.

Dès que le train fut arrêté, le Syndic, Marquis del Carretto, se porta à la rencontre des membres de la Délégation en leur disant, en français, qu'il avait le plus grand plaisir de leur donner la bienvenue au nom de la Ville de Naples, heureuse de les avoir pour hôtes.

M. Deville le remercia vivement de ses paroles si aimables & ajouta que la Délégation ne pouvait manquer de s'arrêter à Naples, la ville la plus importante de l'Italie, que le Président de la République tenait à honneur de visiter bientôt.

Le Syndic & M. Deville présentèrent respectivement leurs collègues & l'on sortit de la gare.

Les Délégués prirent place dans les voitures de la Municipalité & furent accompagnés par le Syndic & les Assesseurs jusqu'à l'hôtel du Vésuve. Ils traversèrent ainsi la plus grande partie de la ville & purent remarquer les beaux travaux d'assainissement & d'embellissement exécutés par la Municipalité. Le quartier de Santa-Lucia notamment retint leur attention. Les vieilles & sordides maisons qui bordaient la mer ont commencé à faire place à de belles constructions donnant sur de larges voies où pénètrent l'air & le soleil.

L'hôtel du Vésuve est situé dans ce quartier neuf, devant le splendide golfe de Naples; la vue porte sur le Vésuve à gauche, la côte de Sorrente & l'île de Capri en face, & le vert Pausilippe à droite.

L'endroit est des mieux choisis pour réunir, sous le même coup d'œil, les principales beautés de Naples.

Le Syndic & les Assesseurs accompagnèrent les Délégués de Paris jusqu'à leur appartement, au premier étage, dont le salon avait été, par les soins de la Municipalité, garni de fleurs. Un magnifique bouquet de roses jaunes ornait la table du milieu, tandis que de grosses gerbes d'œillets rouges étaient placées, çà & là, sur les différents meubles.

Ce fut sous l'impression charmante causée par la présence de ces belles fleurs & la vue splendide dont on jouissait des fenêtres, que les Délégués eurent avec le Syndic de Naples & les Assesseurs une longue & attachante conversation, qui porta principalement sur les deux villes, Naples & Paris.

Le Syndic se retira à 8 heures & demie, après avoir organisé une première promenade, d'accord avec les Délégués.

Avant le déjeuner, en effet, ceux-ci parcoururent différents quartiers de la ville & visitèrent notamment la célèbre cathédrale dédiée à saint Janvier.

LA RÉCEPTION À L'HÔTEL DE VILLE.

A 3 heures, la Délégation se rendit à l'Hôtel de Ville. Au balcon central flottaient les drapeaux italien & français. Dans l'allée du Palais étaient alignés des gardes municipaux & des pompiers en grande tenue, qui assuraient également le service d'honneur dans les salles.

Celles-ci étaient décorées, ainsi que les escaliers & les couloirs, de magnifiques plantes vertes : partout des fleurs à profusion, & surtout du muguet & des œillets rouges.

Les Délégués, passant devant les employés municipaux venus nombreux à leur rencontre, puis entre les huissiers qui faisaient la haie, furent reçus par le Syndic, Marquis del Carretto, qui les accompagna dans son cabinet, où se trouvaient réunis les Assesseurs & un grand nombre de Conseillers municipaux.

Les Représentants des municipalités de Naples & de Paris s'entretinrent longuement des deux villes & de leur administration, des travaux exécutés & des projets prévus. De part & d'autre on montra une égale émulation à assurer les bienfaits de l'hygiène à la population.

Ensuite eut lieu la visite du Palais municipal, qui se termina par un lunch à un buffet installé dans l'une des salles.

L'organisation fit le plus grand honneur au Secrétaire

général du Municipe, M. Mariani, qui en avait assumé la charge.

En quittant l'Hôtel de Ville, les Délégués, accompagnés du Syndic & de plusieurs Assesseurs & Conseillers municipaux, reprirent leurs voitures & se rendirent à Capodimonte, où ils furent reçus par le Conservateur du palais, M. Zannucci, qui voulut les guider lui-même.

Le palais royal de Capodimonte s'élève au milieu d'un beau parc, sur un plateau élevé qui domine Naples & d'où la vue est très étendue.

Il possède des collections merveilleuses d'armes & d'armures, de porcelaines antiques & modernes : Chine, Japon, Vienne, Sèvres, & notamment des pièces remarquables de l'ancienne manufacture de Capodimonte. On y voit aussi des œuvres de peinture & de sculpture, dont un grand nombre sont signées de noms d'artistes français : Girodet, Lebrun, Gérard, David, &c.

La visite se termina par une longue promenade dans le parc réservé.

AU MUSÉE NATIONAL.

La matinée du lundi 18 avril fut consacrée à la visite du Musée national, dont la richesse incomparable est faite surtout des objets précieux provenant de Pompéi, d'Herculanum & de la Sicile.

Les membres de la Délégation y furent reçus par les

représentants de la Municipalité de Naples, ainsi que par MM. les Professeurs Cremona & Conforti.

Au cours de leur attachante promenade dans les différentes salles, ils remarquèrent les peintures murales antiques, les mosaïques, l'*Hercule Farnèse,* le *Taureau Farnèse,* la *Vénus de Capoue,* le *Bacchus Farnèse,* la *Psyché,* la *Diane d'Ephèse,* la *Flora Farnèse* & tant d'autres œuvres antiques de tout premier ordre. Ce furent ensuite le vase de Gaëte, les statues & bustes des empereurs, les petits bronzes, les peintures de Pompéi, puis les terres cuites, les verreries & les bijoux antiques, & enfin la fameuse *Tazza Farnèse.*

Les Délégués sortirent émerveillés du Musée national, en remerciant leurs aimables guides dont l'empressement leur avait permis d'apprécier, au cours d'une seule visite, les principales richesses de collections auxquelles il aurait fallu consacrer plusieurs journées.

LE BANQUET DU BERTOLINI'S PALACE.

Par une délicate attention, le Syndic & les membres de la Municipalité de Naples avaient choisi, pour y donner un déjeuner en l'honneur de leurs hôtes, l'hôtel Bertolini, qui domine, de très haut, la ville & la baie de Naples, & offre ainsi un panorama de toute beauté dont le Vésuve forme le fond.

La table, ornée à profusion des plus belles fleurs, était dressée dans un salon bordant la terrasse; par les fenêtres & les portes entr'ouvertes, la vue portait sur la mer, le Vésuve, les côtes de Sorrente, l'île de Capri, spectacle unique au monde & dont l'œil ne pouvait se détacher.

Assistaient au déjeuner, outre le Syndic de Naples & les Représentants du Conseil municipal de Paris, M. de Lalande, consul général de France; MM. Marulli, Comte Siciliani di Rende, del Balzo, Raiola Pescarini, Carrelli, Zampaglione, assesseurs; MM. Schioppa, Caruso, Sorge, Spasiano, Pittera, Tarantini, Incoronato, Carfora, del Pezzo, Strigari, Bruno, conseillers municipaux; M. Mariani, secrétaire général du Municipe; M. Gargiulo, président de la Députation provinciale; M. Girardi, représentant le Président du Conseil provincial.

Au moment de se mettre à table, M. Deville, qui venait de recevoir un télégramme, en donna lecture à haute voix :

Nous sommes fiers des ovations de plus en plus enthousiastes qui vous sont faites dans la superbe Italie. Votre voyage resserre les liens d'amitié indissoluble & de fraternité qui unissent les villes d'Italie à la ville de Paris, la patrie italienne à la patrie française.

Nous nous en réjouissons de tout cœur & nous envoyons à toutes les municipalités & à la population italienne l'expression émue de notre reconnaissance & le salut fraternel de la Ville de Paris.

Vive notre sœur latine!

Vive l'Italie!

ACHILLE,

Vice-Président du Conseil municipal de Paris.

Un tonnerre d'applaudissements accueillit la fin de cette lecture, & c'est sous l'impression de cette fraternelle ovation que le repas commença.

NAPLES

Le banquet offert au Bertolini's Palace
par la Municipalité de Naples

(18 avril 1904)

Cliché Pescé, Naples. Imp. Ch. Wittmann

Le menu était ainsi composé :

Barquettes d'huîtres Excelsior
Paupiettes de soles Palace
Selle d'agneau à la Grecque
Aiguillettes de canard sauvage au Cusenier
Cœurs de fenouils Napolitaine
Faisans flanqués de cailles
Salade Francillon
Corbeille de glaces Printanière
Bouchées Porte-Bonheur
Fruits

—

VINS

Capri bianco
Gallinara 1897
De Saint-Marceaux very dry

—

Café
Grandes liqueurs

Un orchestre napolitain se fit entendre pendant le repas.

Au champagne, le Syndic, Marquis DEL CARRETTO, prononça le toast suivant, en français :

Heureux de votre bien aimable visite, je veux vous exprimer au nom de Naples, que j'ai l'honneur de représenter dans un moment si sympathique pour nos deux grandes nations latines, les sentiments de la plus affectueuse fraternité.

Naples envoie un salut à la France & à Paris, la ville-lumière, à Paris, où la vie de l'humanité tout entière reconnaît ces hautes affirmations intellectuelles & morales qui sont les puissants ressorts de la grandeur des nations.

En parcourant les villes d'Italie vous avez été frappés, Messieurs, du caractère spécial qui les distingue dans leurs mœurs, dans leurs monuments historiques & dans toutes les manifestations de l'art & du génie. Mais une chose a dû vous frapper plus vivement, c'est l'unanimité d'enthousiasme, d'affection sincère dont toutes sont animées envers la France & le peuple français, & c'est en proclamant ces sentiments au nom de Naples que je bois à la gloire de la France.

Le toast du Syndic fut salué par les applaudissements les plus chaleureux des assistants qui voulaient ainsi donner leur approbation aux paroles de sympathie pour la France; en même temps l'orchestre jouait la *Marseillaise.*

M. Gargiulo, président de la Députation provinciale, & M. Girardi, au nom du Président du Conseil provincial qu'il représentait, prononcèrent, à leur tour, des toasts débordant d'affection pour la France & dont le tour vif & le ton vibrant soulevèrent de nouveau les applaudissements.

M. Deville répondit en ces termes :

Messieurs,

Je vous remercie de votre accueil auquel vous avez donné, avec une cordiale simplicité, un caractère amical qui me touche profondément.

En entreprenant ce voyage pour apporter le salut de Paris aux villes d'Italie, j'ai toujours pensé venir à Naples, qui est la ville la plus importante de l'Italie par sa population, qui est si intéressante par son mouvement & cet admirable développement auquel contribue une municipalité intelligente & dévouée. J'y trouve aussi des traditions historiques qui attestent qu'ici s'est formé depuis longtemps un accord avec notre pays pour la liberté & l'émancipation.

En ce moment notre visite prend un caractère particulier que vous avez bien compris. En même temps que M. le Président de la République, en rendant à Leurs Majestés leur aimable visite, vient compléter l'union des deux pays, nous venons affirmer, de notre côté, l'union des municipalités & des deux peuples, en vue de la paix & du progrès.

Aussi, Messieurs, je salue de tout cœur la ville de Naples & j'espère que des efforts communs des deux nations latines naîtra un nouvel essor commercial & industriel.

Et en vous remerciant encore de votre belle réception, qui sera connue dès demain à Paris, je bois à la ville de Naples & à sa sympathique municipalité.

Les paroles de M. Deville furent l'occasion d'une nouvelle ovation à l'adresse de Paris & de la France, & l'orchestre joua la *Marche royale*.

On sortit sur la terrasse pour prendre le café, & là, en face de la baie enchanteresse & du prestigieux Vésuve, le Syndic fit venir l'orchestre, dont les musiciens chantèrent les chansons napolitaines les plus en vogue. Et certes, les Délégués ressentirent une impression profonde à l'audition de ces chants qui s'adaptaient si bien au merveilleux décor dans lequel ils les entendaient : ce fut une minute inoubliable.

Longtemps les conversations se prolongèrent, comme entre vieux amis heureux de s'être retrouvés, & c'est avec regret que vers 4 heures & demie les convives quittèrent « Bertolini », emportant des quelques heures passées ensemble le plus charmant souvenir.

Accompagnés du Consul de France, M. de Lalande, du Comte Siciliani di Rende, & de MM. Carfora, Sorge & del Pezzo, les Délégués se rendirent à 5 heures au Musée industriel, dont ils parcoururent les splendides salles d'exposition

& les ateliers parfaitement aménagés, où se forment des artisans de premier ordre.

Après cette très intéressante visite, ils firent une promenade sur le Pausilippe, l'abrupte colline qui forme le côté droit de la baie de Naples, en face de Sorrente & de Capri.

Arrivés au cap qui termine le haut promontoire, ils eurent une agréable surprise : au moment où ils passaient devant l'asile Margherita, les enfants hospitalisés dans cette maison de bienfaisance accueillirent les Délégués aux cris de « Viva la Francia! », pendant que leur fanfare jouait la *Marseillaise* avec un entrain tout à fait remarquable.

M. Deville chargea le Comte Siciliani di Rende de faire parvenir aux enfants ses remerciements pour leur touchante manifestation.

AU THÉÂTRE SAN CARLO.

Le même jour, une soirée de demi-gala avait été organisée, en l'honneur des Représentants de Paris, au beau & vaste théâtre San Carlo.

On donnait *Fédora,* l'opéra du maestro Giordano.

Le Syndic & les Assesseurs vinrent prendre les Délégués à leur hôtel pour les conduire à San Carlo, où le service d'honneur était fait par des gardes municipaux & des pompiers. Dès que M. Deville & ses collègues apparurent, à côté du Syndic, dans la loge de la Municipalité, les spectateurs se levèrent tout d'un coup, &, tournés vers les hôtes de Naples, applaudirent longuement. L'orchestre joua d'abord la *Marseillaise,* qui fut écoutée dans le plus profond silence & se termina au milieu d'une nouvelle ovation, puis la *Marche royale,* accueillie de même par les applaudissements unanimes des assistants.

Le calme revenu, le spectacle continua; tout en prêtant la plus grande attention à l'œuvre remarquable représentée devant eux, les Délégués purent admirer les belles proportions & l'artistique décoration de la salle, ainsi que la délicieuse élégance du public.

Quand ils quittèrent le théâtre, les assistants leur firent une nouvelle ovation pendant que l'orchestre jouait la *Marseillaise,* & ils se retirèrent vivement émus de l'enthousiaste accueil qui venait de leur être fait dans un mouvement unanime de sympathie.

LA VISITE DE POMPÉI.

Après entente avec ses hôtes, le Syndic de Naples avait organisé une promenade à Pompéi pour la matinée du 19 avril; la Délégation ne put donc se rendre au désir de la Municipalité de Capri, qui avait invité M. Deville & ses collègues à visiter l'île fameuse & voulait leur préparer une chaleureuse réception. Le Président du Conseil municipal de Paris fit exprimer au Syndic de Capri tous ses regrets, en le remerciant de son aimable invitation que seul le manque de temps l'empêchait d'accepter.

Les Délégués, arrivés à la gare à 8 heures du matin, y

trouvaient MM. les Assesseurs Comes, Raiola, Zampaglione & Capomazza, & le Conseiller Carfora.

La voie contourne la baie, à quelques mètres du rivage, & passe au pied du Vésuve, longeant d'innombrables villas toutes blanches au milieu de la verdure. On semble ne rien craindre du volcan, & cependant les amas de laves dans lesquels la ligne passe en tranchée & qui se sont boursouflés en atteignant les flots, disent assez que cette région est à la merci d'une éruption. Malgré cela, on rencontre, entre les ruines d'Herculanum & celles de Pompéi, deux villes de près de 30,000 habitants chacune, Torre del Greco & Torre Annunziata.

A leur arrivée à Pompéi, les Délégués furent reçus par M. le Professeur Conforti, qui les avait guidés la veille déjà, au cours de leur visite du Musée national, en l'absence du Directeur, M. le Professeur Pais.

Quand ils parvinrent à l'entrée de la ville morte, le drapeau français fut hissé à côté du drapeau italien.

Sous la conduite de M. Conforti, la visite de Pompéi présenta pour eux le plus grand intérêt : leur guide leur retraça, sur place, la vie publique & privée des anciens habitants.

Après une fouille, faite en leur présence, & qui ne fit découvrir que du bois carbonisé & quelques ferrures de porte, les Délégués visitèrent le musée. Celui-ci possède de précieux moulages de cadavres dont les cendres peu à peu durcies avaient conservé l'exacte empreinte.

La visite terminée, on se rendit à l'Hôtel Suisse, où un déjeuner était offert par la Municipalité de Naples.

Sur le désir même de M. Deville, le menu fut strictement napolitain.

Il était ainsi composé :

Antipasto assortito
Vermicelli con vongole
Fritto pesce assortito
Escalope di vitello
Piselli freschi
Polli all' Italiana
Insalata di Asparagi
Omelette soufflée
Dessert

—

VINI

Capri bianco
Gragnano
Lacrima Cristi spumante
Asti spumante

Pendant le repas, des chanteurs firent entendre des airs napolitains.

Au « spumante », M. l'Assesseur Raiola porta un toast à Paris, cerveau du monde. Il ajouta que Rome avait été la tête de la civilisation : cerveau & tête ne pouvaient que vivre dans la plus complète entente.

M. l'Assesseur Capomazza but à la santé du Président du Conseil municipal & des membres de la Délégation, & M. le Conseiller Carfora porta un toast à la France, amie de l'Italie.

IMPRIMERIE NATIONALE.

M. Deville répondit en buvant à la fortune de l'Italie & de Naples, & en disant que si Paris est le cerveau du monde, si Rome en est la tête, Naples en est à coup sûr le cœur.

Les Délégués & leurs guides reprirent le train & trouvèrent à la gare de Naples le Syndic Marquis del Carretto, le Comte Siciliani di Rende, M. Carrelli & M. Mariani, venus à leur rencontre.

Ils firent une dernière promenade dans la ville, & visitèrent notamment l'Aquarium, situé au milieu du beau parc, la « Villa Nazionale », qui s'étend au bord de la mer.

Ils furent reçus par le Directeur de l'Aquarium, Professeur Dorhn, qui mit la plus grande courtoisie à les guider dans le remarquable établissement. Ils purent admirer les poissons & autres animaux aux formes les plus extraordinaires & les plus imprévues, qui proviennent des grandes profondeurs.

Le Président du Conseil municipal fit au Professeur Dorhn des compliments sur les merveilleux résultats qu'il avait obtenus, en le remerciant aussi de son aimable accueil.

Le soir même, à 7 heures & demie, la Délégation quittait Naples pour gagner la Sicile.

M. Mossot, que des intérêts particuliers rappelaient à Paris, & qui ne devait partir, dans la direction de Rome & de la France, que quelques heures plus tard, vint à la gare reconduire M. Deville.

Sur le quai se trouvaient le Syndic, Marquis del Carretto, MM. les Assesseurs Agresti, Comte Siciliani di Rende,

Carrelli, Marrulli, Mesdea, Doria, M. le Conseiller Carfora, & le Consul de France, M. de Lalande.

M. Deville adressa de vifs remerciements au Syndic & à ses collègues pour le charmant & sympathique accueil que la Délégation avait reçu à Naples, ainsi que pour le cordial & tout à fait amical empressement de tous les membres de la Municipalité, dont la haute courtoisie avait rendu si agréable son séjour dans la belle ville de Naples.

MESSINE ET CATANE.

Le lendemain 20 avril, quand apparurent les premières lueurs du jour, le train suivait la pittoresque côte de Calabre &, toujours à proximité & en vue de la mer, traversait des plantations d'oliviers, d'orangers & de citronniers.

Au large se dressait la haute pyramide du Stromboli.

A 8 heures & demie, on atteignait Reggio de Calabre, & l'on s'embarquait pour la traversée du détroit de Messine.

Sur le bateau, M. Deville retrouva M. de Felice, député & prosyndic de Catane, qui, après lui avoir été présenté la veille sur le quai de la gare par le Syndic de Naples, avait pris le même train pour aller à Catane & y présider à la réception de la Municipalité de Paris.

Un peu moins d'une heure après avoir quitté Reggio, le bateau abordait à Messine, en face même de la gare où attendait le train de Catane.

Sur le quai, M. Deville fut salué, au nom de la ville de Messine, par M. le Commissaire royal Verdinois, faisant fonctions de Syndic, & par M. le Conseiller délégué Staguitta, représentant le Préfet, qui lui exprimèrent le regret de la population de n'avoir pas l'occasion de manifester au Président du Conseil municipal de Paris la sympathie dont il avait reçu tant de témoignages de la part des autres villes d'Italie.

M. Deville leur répondit qu'il regrettait lui-même bien vivement que la rapidité de son voyage ne lui permît pas de s'arrêter à Messine. Il remercia M. Verdinois & M. Staguitta de leur courtoise démarche, en les chargeant pour la population du salut cordial de Paris.

M. de Felice continuait immédiatement son voyage vers Catane, où il allait prendre les dernières dispositions pour la réception de son hôte.

Catane, en effet, se préparait à recevoir avec éclat le Président du Conseil municipal de Paris.

La Municipalité avait fait afficher un manifeste dont voici la traduction :

CITOYENS,

Aujourd'hui, à 4 heures, arrivent de Messine, pour visiter notre ville, les représentants de la Municipalité de Paris, &, à leur tête, M. Deville, président du Conseil municipal.

Par admiration pour ce peuple qui, en posant & affirmant pour premier principe celui de l'égalité, a su se maintenir à la tête de la civilisation & du mouvement social, par gratitude envers ceux qui prirent une part glorieuse aux guerres pour l'indépendance de notre patrie, par affection envers la nation sœur, unie à nous par des traditions, des aspirations & des intérêts communs, je vous invite à venir à la gare Sicula pour accueillir & fêter nos illustres hôtes avec cet élan & cette cordialité qui sont la plus belle caractéristique de votre tempérament.

Du Palais municipal, 20 avril 1904.

Le Prosyndic,

N. DI LORENZO DEL CASTELLUCCIO.

De son côté, la Chambre du Travail avait lancé cet appel :

Travailleurs,

Aujourd'hui, à 4 heures, arrivera à Catane, venant de Messine, le citoyen Deville, président du Conseil municipal de Paris, avec une large représentation dudit Conseil.

En ce moment solennel où l'Italie se prépare à fêter le premier citoyen de la France, de cette grande nation qui a donné au monde civilisé le Droit & la Liberté, la Justice & l'Amour du haut idéal de la vie & de l'humanité, les travailleurs de Catane, nous en sommes certains, accueilleront les illustres représentants par de splendides témoignages d'affection & de patriotisme.

Catane, 20 avril 1904.

Le Comité exécutif.

Enfin l'Assemblée démocratique radicale avait fait placarder cette invitation publique imprimée sur papier rouge :

Citoyens,

Aujourd'hui, à 4 heures, arriveront à Catane les représentants du Conseil municipal de Paris &, à leur tête, le citoyen Deville, président de ce Conseil.

Nous vous invitons à accourir à la gare pour recevoir dignement ces illustres hôtes, fils de cette France qui nous a donné l'exemple de la véritable liberté, de la fraternité & du progrès dans la civilisation.

Catane, 20 avril 1904.

Le Président,

A. Longo Gailizia.

La population de Catane répondit avec empressement à ces appels & elle se livra à une manifestation des plus émouvantes.

Voici, d'ailleurs, en quels termes le *Corriere di Catania* rendit compte de cette inoubliable réception :

En attendant les représentants de Paris, on se hâte de placer de très nombreux petits drapeaux français, entrelacés avec des drapeaux italiens, à tous les réverbères de la place de la Gare & des rues du Six-Avril & Victor-Emmanuel par lesquelles doivent passer les citoyens de France.

Aux trois balcons centraux de l'Hôtel de Ville flottent trois grands drapeaux de la République notre voisine.

La Chambre du Travail a exposé à son balcon, qui donne sur la place du Dôme, son drapeau flamboyant à côté du drapeau français.

Le Consulat de France & les sièges de toutes les associations populaires & démocratiques de la ville étaient également ornés de drapeaux.

La rue du Six-Avril & la rue Victor-Emmanuel étaient tapissées d'innombrables bandes de papier multicolores portant les mots : « Viva la Francia ».

A la Chambre du Travail, c'est un va-&-vient d'ouvriers qui s'appellent & se mettent d'accord pour se trouver tous à la gare à l'heure de l'arrivée.

A 3 heures & demie, une manifestation populaire se forme sur la place du Dôme pour aller à la rencontre de M. Deville & de ses compagnons.

La manifestation, à laquelle prennent part plus de dix mille citoyens, est précédée des drapeaux des Sociétés suivantes :

L'Archimède, association des métallurgistes; Coopérative des manœuvres & maçons; Société des peintres « Olivio Sozzi »; Conducteurs de charrettes; Association démocratique radicale; les Enfants du Travail; les Enfants de la Paix; les Enfants de l'Espérance; Typographes; Meuniers & Fabricants de pâtes; Vernisseurs de chaises; Ouvriers de la Manufacture de tabac; Raffineurs de soufre; Poissonniers; Société des tanneurs « Honnêteté & Travail »; Travailleurs de la mer; Balayeurs; Pêcheurs au filet « S. Tommaso »; Carriers; Casseurs de pierre; Tailleurs de lave; Cercle démocratique universitaire; Association des confiseurs & limonadiers; les Enfants de l'Etna; Cochers.

La Musique municipale, en grand uniforme, précède le cortège, que ferme la musique « Giuseppe Verdi ».

A 4 heures précises, la manifestation se met en marche au son de la *Marseillaise* & de l'*Hymne des Travailleurs.*

Les sons des deux hymnes qui représentent si bien deux périodes historiques se fondent dans une assonance rythmique entraînante.

Le cortège se grossit sans cesse au point que, lorsqu'il arrive à la gare, sur la place se trouvent plus de quinze mille personnes, sans compter les centaines de spectateurs qui garnissent les balcons voisins & le très vaste parterre.

....

Les présentations auront lieu dans la salle de 1re classe, devant laquelle le service d'honneur est fait par dix pompiers, sous les ordres du Maréchal Girasoli & par dix gardes municipaux.

En même temps que le cortège, arrivent en landaus le Prosyndic de Felice & les Assesseurs Astor, Scuto, Mazzarino, Monterosso, di Stefano, Noce, Condorelli & Vigo Rosso, & les Conseillers Consoli, Macchi, Barbagallo, Auteri, Gaglio, Arcidiacono & autres.

M. di Benedetto, consul de France, est déjà présent.

Lorsque le train arrive à quelques mètres du hall, il est obligé de ralentir sa marche, car il est pris d'assaut par une foule, toujours croissante, de gens qui grimpent sur le toit des wagons, sautent sur les marchepieds & dans les compartiments, partout où il y a le moindre espace à occuper.

Il avance lentement & avec précaution, passant entre les masses d'ouvriers dont le nombre grossit sans cesse, ce qui fait prévoir qu'en ville comme à la gare, il y a une foule, un pays tout entier, avide d'applaudir les représentants des institutions républicaines.

Les ouvriers soufreurs, jaunes de visage, de cheveux & d'habits, sont alignés sur les murs en saillie au-dessus de la voie ferrée & agitent des drapeaux français; ils applaudissent & éclatent en cris de joie.

Et le train s'avance lent & majestueux entre deux rangs épais de manifestants qui augmentent toujours, &, à 4 heures & demie précises, il s'arrête.

C'est imposant. Sous le hall se trouvent plus de deux mille personnes, mais il y en a encore en grand nombre qui se trouvent grimpées sur les toits des wagons occupant toutes les voies, sur les murs, sur tout ce qui constitue une hauteur. Dans la foule, de nombreuses dames qui applaudissent & agitent des mouchoirs.

La musique municipale attaque la *Marseillaise* & c'est alors une formidable ovation. Les cris de « Viva la Francia » s'élèvent chauds, frémissants, enthousiastes.

Peu après, sur la passerelle d'un wagon de première classe se présentent les Délégués français. Leur apparition est accueillie par des applaudissements éclatants, prolongés, émouvants & par d'innombrables cris de « Viva la Francia ».

Émus, ils remercient en agitant leurs chapeaux, puis ils descendent du wagon &, à moitié suffoqués par tous ceux qui veulent s'approcher d'eux pour les mieux voir, pour les saluer, pour leur serrer la main; ils parviennent enfin à sortir de la gare.

La place de la station est un grand lac humain agité; il y a plus de vingt mille personnes qui se pressent de toutes parts & qui finissent par s'étendre jusque sur le parterre.

Les représentants de Paris montent dans les landaus avec les membres de la Junte & divers conseillers municipaux, & se dirigent vers le Municipe.

Une manifestation colossale se forme, précédée de la musique qui joue sans arrêt la *Marseillaise.*

Au milieu de cette masse infinie flottent les drapeaux de trente associations ouvrières.

Le cortège chemine lentement par la rue Victor-Emmanuel, grossi toujours davantage par les groupes d'ouvriers qui débouchent des rues latérales.

Nombre de balcons sont ornés de drapeaux français; nombre de dames & de jeunes filles applaudissent & jettent des fleurs sur le passage des voitures.

Des applaudissements & des vivats retentissants partent des balcons du Cercle national.

Le cortège s'étend sur plus d'un kilomètre, si bien que, la tête une fois arrivée sur la place du Dôme, il faut plus d'un quart d'heure pour que tous les manifestants puissent y être réunis.

Les représentants de la France entrent dans la Maison communale... Les manifestants demandent avec insistance M. Deville.

La vaste place est complètement couverte de plus de vingt mille personnes, &, lorsque M. Deville, avec l'honorable de Felice, se présente au balcon central, les applaudissements éclatent violents & bruyants comme un ouragan & vers le ciel montent les cris de «Viva la Francia».

A ce moment M. Deville se penche sur le balcon &, tourné vers la foule, qui fait aussitôt silence, il prononce, en italien, quelques mots de remerciements & adresse à Catane le salut de Paris.

La foule répond par des applaudissements & des cris de : «Viva Parigi! Viva la Francia!».

A son tour le Prosyndic de Felice se dresse au balcon & harangue la foule d'une voix chaude & vibrante. Au nom de toute la population, il porte le salut de Catane aux Représentants de la Ville de Paris, &, parlant de l'amitié fraternelle des deux villes & des deux peuples, il étreint les mains de M. Deville, qui se tient à ses côtés.

Il est impossible de dépeindre l'ovation faite alors au Président du Conseil municipal de Paris. Toutes les mains se tendent vers lui; on l'acclame à grands cris & pendant quelques minutes c'est, sur la place, un frémissement de joie & d'enthousiasme, qui se fond dans les cris répétés de «Viva la Francia!».

CATANE

Réception du Président du Conseil municipal de Paris
par la population & les corporations ouvrières

(20 avril 1904)

Cliché Grita, Catane. Imp. Ch. Wittmann.

Puis au son de la *Marseillaise,* jouée par la musique municipale, la musique Verdi & celle de l'Hospice royal, la foule se répand lentement dans les rues voisines, se portant surtout vers celles où le cortège doit passer à sa sortie de l'Hôtel de Ville.

LA RÉCEPTION À L'HÔTEL DE VILLE.

Le palais municipal avait reçu une riche décoration de fleurs & de drapeaux.

Le grand escalier était couvert de tapis & garni de grands vases de fleurs & de plantes vertes; les murs disparaissaient sous des trophées de drapeaux italiens & français.

M. Deville pénétra dans le grand salon, avec le Prosyndic, l'honorable de Felice, & les Assesseurs, & le Prosyndic lui présenta les autorités venues pour le saluer.

Assistaient à la réception : M. Bedendo, préfet de Catane; M. Auteri Berretta, président de la Députation provinciale; M. Casaburi, premier président de la Cour d'appel; M. Spadaro Reitano, président de la Chambre de commerce; le Comte Guerino Roberti, président de section; M. Jannelli, président du Tribunal; M. Barbieri, procureur du Roi; le Général Masone, l'Intendant des Douanes, M. Gaetano di Bartolo, président du Conseil de discipline; M. G. Monterosso, président de la Société de charité; les Conseillers municipaux Costa, Consoli, Gaglio, Pittari, Macchi, Petronio, Vadalà, Spanò, Auteri, Barbagallo; les Conseillers de la

Chambre des comptes Indelicato & Camiolo, & plusieurs autres.

Le Prosyndic & les Assesseurs firent, avec le plus courtois empressement, les honneurs de la maison.

M. Deville s'entretint longuement avec les fonctionnaires & les autorités élues, & les remercia de leur démarche empreinte d'affection envers la ville de Paris & la France.

On parla des belles fêtes qui se préparaient à Rome pour l'arrivée du Président de la République.

M. de Felice annonça à M. Deville qu'un navire, frété spécialement, devait y conduire les membres de la Junte & la musique municipale, & lui offrit de faire avec eux le voyage de Sicile au continent.

M. Deville, dont tous les instants étaient comptés & l'itinéraire absolument arrêté, dut, avec regret, refuser l'offre si aimable qui lui était faite.

Tout le monde se réunit au buffet préparé par les soins de la Municipalité, &, après qu'on eut porté des toasts aux deux villes & aux deux peuples, le cortège quitta l'Hôtel de Ville.

LA PROMENADE DANS CATANE.

A 5 heures & demie, M. Deville, M. de Felice & les membres de la Junte reprenaient leurs landaus.

On se dirigea d'abord vers la boulangerie municipale, en passant par la rue de l'Etna. Celle-ci était encore pavoisée de drapeaux allemands & italiens; le matin même, en effet, l'Empereur d'Allemagne, dont le navire était en rade, avait parcouru la rue de l'Etna, à l'aller & au retour de la promenade qu'il venait de faire sur le chemin du volcan.

Plus loin, au fur & à mesure que l'on approchait de la boulangerie, la foule devenait plus dense; les murailles des maisons étaient couvertes de petites bandes de papier portant les mots : «Viva la Francia!».

A l'entrée de l'établissement, le cortège fut accueilli par des applaudissements & des cris de bienvenue.

Sous le vestibule de la boulangerie municipale, garni de festons d'étoffe aux couleurs italiennes & françaises, & au seuil duquel flottaient les drapeaux des deux nations, le Président du Conseil municipal fut reçu par le Directeur, M. Renzi, qui se joignit au Prosyndic pour diriger la visite.

On parcourut successivement la salle de distribution, les machines, les batteries, le four tournant, tout en examinant le fébrile mouvement des ouvriers, qui, sans quitter un instant leur travail, applaudissaient M. Deville & criaient en agitant leurs bérets blancs : «Viva Parigi! Viva la Francia!».

Un buffet avait été dressé dans la salle de distribution du pain : des coupes de champagne furent offertes aux invités, & l'on but au succès de l'œuvre créée par la Municipalité.

Au moment où le Président du Conseil municipal allait franchir la porte de la boulangerie pour regagner sa voiture, un ouvrier boulanger lui offrit, au nom de tous ses camarades, un magnifique bouquet de fleurs, orné d'un flot de rubans aux couleurs italiennes & françaises.

M. Deville le remercia, en lui exprimant tout le plaisir qu'il avait eu du chaleureux accueil que lui avaient réservé les boulangers de l'établissement municipal.

Il était 6 heures; M. de Felice proposa au Président du Conseil municipal de faire une promenade dans la ville.

A ce moment avait lieu, dans la rue de l'Etna, le corso de gala organisé en l'honneur de l'Empereur d'Allemagne, & où défilaient les principaux équipages de Catane.

Les voitures y étaient très nombreuses, & les landaus du cortège, qui s'étaient mêlés à elles, parcoururent ainsi la rue de l'Etna. M. Deville reçut, au cours de cette promenade au milieu du public mondain, les plus courtoises marques de sympathie.

Après avoir visité le merveilleux jardin Bellini, à la luxuriante végétation exotique, on se dirigea vers l'Hôtel Central où le Prosyndic de Felice & la Junte offraient un banquet au Président du Conseil municipal de Paris.

LE BANQUET.

Devant l'Hôtel Central, où se pressait la foule, étaient alignés des pompiers en grande tenue.

Dans la salle à manger, brillamment illuminée & garnie à profusion de plantes vertes & de fleurs, de drapeaux & de festons aux couleurs des deux pays, les pompiers faisaient le service d'honneur.

A 8 heures, autour de la table magnifiquement décorée, se trouvaient réunis, à côté de M. Deville & de ses compagnons de voyage, M. le Prosyndic de Felice, M. di Benedetto, consul de France; MM. les Assesseurs Astor, di Stefano, Noce, Vigo, Condorelli, Mazzacino, Monterosso, Scuto Costarelli; M. Auteri Berretta pour la Députation provinciale, M. Spadaro Reitano pour la Chambre de commerce; M. le Conseiller délégué Pio, représentant le Préfet; M. Renzi, directeur de la Boulangerie municipale; M. le Professeur Menza, représentant la Chambre du travail.

Pendant tout le cours du repas régna la plus grande cordialité.

Au champagne, M. de Felice se leva &, en français, porta un toast à la France glorieuse qui a donné au monde civilisé le Droit, la Liberté & l'Égalité civile.

Il rappela, en termes heureux, que les races latines, sœurs dans la gloire & dans le malheur, ont marché côte à côte dans le champ des luttes politiques comme dans le champ de la science & des arts. Il ajouta que c'est la France qui est l'initiatrice des idées de liberté, qu'elle a toujours travaillé pour l'amélioration morale & sociale de tous, & qu'elle possède toutes les hautes qualités qui font les grandes nations. Poursuivant l'idéal des temps nouveaux, la France & l'Italie unies marcheront vers d'autres destins plus glorieux encore.

M. Deville répondit que l'Italie & la France ont l'une & l'autre le plus glorieux passé, & qu'elles doivent toutes deux espérer le plus brillant avenir.

Si l'Italie doit à la France les idées de liberté & d'amélioration sociale, combien la France ne doit-elle pas au pays qui fut le berceau de la civilisation & qui, dans les arts, brilla avec tant d'éclat! La ville de Catane, d'ailleurs, n'a-t-elle pas à donner en exemple la municipalisation du pain, qui a produit, grâce à la Municipalité, de si remarquables résultats?

Il termina en buvant d'abord à l'union des races latines, qui doivent partager gloire & malheurs en oubliant les légers dissentiments survenus lorsque les événements politiques les avaient séparées, puis à Catane dont il emportera le plus agréable souvenir.

Des toasts furent également prononcés, en français, par M. Spadaro Reitano, au nom de la Chambre de commerce; par M. Menza, au nom de la Chambre du travail, & enfin par le Consul de France, M. di Benedetto, qui rappela les sentiments de cordialité exprimés par les représentants des villes de Catane & de Paris, & fit des vœux pour l'amitié durable & l'union solide des deux pays.

M. Auteri Berretta, parlant en italien, affirma les plus nobles sentiments à l'égard des deux villes & but à l'avenir social des deux peuples frères.

Les toasts étaient à peine terminés, au milieu des acclamations unanimes des assistants, que M. de Felice reçut le télégramme suivant envoyé par le Syndic d'une commune voisine & dont il donna immédiatement lecture :

D'Acireale.

Je vous prie d'adresser aux illustres Représentants des communes de France le salut cordial de notre représentation municipale.

Le Syndic : Samperi.

Cette lecture fut accueillie aux cris de « Viva Acireale! ».

Mais l'heure du départ approchait; le cortège se forma de nouveau pour se diriger vers la gare.

Quand M. Deville sortit de l'Hôtel Central, la foule lui fit une ardente ovation, aux cris répétés de « Viva la Francia! ».

La manifestation se renouvela plus imposante encore sur la place qui précède la gare, & où des milliers de personnes se pressaient pour manifester une dernière fois leur sympathie au Représentant de Paris.

Le Président du Conseil municipal, avant de prendre place dans son wagon, remercia de nouveau M. de Felice de l'émouvante réception qui lui avait été faite, & s'entretint quelques instants avec les membres de la Junte.

Peu à peu la foule avait pénétré dans la gare, & quand, à 9 heures 15, le signal du départ fut donné, elle avait occupé toutes les voies & tous les espaces libres. A ce moment le Prosyndic, M. de Felice, monta rapidement sur la passerelle du wagon, où se tenait M. Deville, & tous deux se donnèrent l'accolade.

Rien ne saurait dire l'enthousiasme soulevé par cette

manifestation de sympathie; ce fut une explosion de vivats & d'applaudissements qui se prolongèrent même après le départ du train, & celui-ci avait déjà quitté la gare que l'on entendait encore au loin la foule crier sans arrêt : « Viva la Francia! ».

Bientôt les dernières maisons de Catane disparurent & l'Etna découpa dans la nuit étoilée sa haute silhouette.

M. Deville, en rentrant dans son wagon, trouva, don parfumé du pays des belles fleurs, une superbe corbeille d'œillets rouges, garnie de larges rubans de soie aux couleurs d'Italie & de France.

PALERME.

A 7 heures du matin, le lendemain 21 avril, comme le train approchait de la station de Bagheria, ville de 15,000 habitants située à 13 kilomètres de Palerme, on entendit un orchestre jouer la *Marseillaise*.

A la gare une manifestation avait été organisée, malgré l'heure matinale, en l'honneur du Président du Conseil municipal de Paris.

Les membres de la Junte & les délégations des sociétés locales avec leurs bannières, qui attendaient sur le quai, se dirigèrent vers la voiture présidentielle attirant les regards par les fleurs qui la décoraient & les rubans aux couleurs françaises qu'arborait avec fierté l'employé surveillant du wagon.

M. Castronovo, assesseur, présenta des souhaits de bienvenue au nom de la Municipalité & de la population de Bagheria; puis M. Guttuso-Fasulo, directeur de la Coopération agricole, parlant en français, exprima les chaleureuses salutations des corporations sociales, en applaudissant avec enthousiasme à l'alliance de la France & de l'Italie, à la prospérité de la généreuse nation amie & à la paix internationale.

Le Président du Conseil municipal serra la main des orateurs & les remercia vivement de leurs vœux & de leurs paroles de chaude sympathie, en ajoutant qu'il était profondément touché des manifestations affectueuses du beau pays de Sicile.

On offrit alors à M. Deville quatre superbes bouquets de roses fraîches cueillies.

Mais l'heure du départ était depuis longtemps passée; quand le train s'ébranla, la musique municipale exécuta de nouveau la *Marseillaise,* & les assistants se livrèrent à une ovation enthousiaste, ne cessant de crier : « Viva la Francia! ».

A 7 heures 45, le Président du Conseil municipal arrivait à Palerme, où il fut accueilli aux mêmes cris de « Viva la Francia! » poussés par la foule qui se pressait aux portes de la gare, pendant que la musique municipale jouait la *Marseillaise* & que les gardes municipaux en grande tenue présentaient les armes.

Sur le quai se trouvaient : M. Bonanno, député & prosyndic de Palerme; MM. Napoli, di Benedetto, Corvaia, Mannino, Castellana, Galbo, Bordonali, membres de la Junte; M. Saggio, maître des cérémonies; M. le Baron Rousseau, consul de France; M. Sorge, conseiller délégué, représentant le Préfet; M. Riccobono, vice-président de la Chambre de commerce; MM. Lecerf, Savona, Mirto, Urso, Anzon, Ardizzone, membres de la Chambre de commerce, & le Secrétaire de la Chambre, M. Collotti, M. le Professeur Salinas.

Dès que le train fut arrêté, M. Bonanno, M. Riccobono & M. Sorge se portèrent devant le wagon de M. Deville, que le Prosyndic de Palerme salua aussitôt au nom de la ville, & à qui il présenta les membres de la Junte.

M. Riccobono, parlant en français, se dit heureux de lui souhaiter la bienvenue en lui apportant les hommages de la Chambre de commerce & du monde commercial reconnaissants de sa visite & flattés de l'avoir pour hôte.

M. Deville, remerciant le Prosyndic & M. Riccobono, leur dit combien il était heureux de visiter la capitale de la Sicile, & de rendre de vive voix à la Chambre de commerce le salut qu'elle avait envoyé au Président du Conseil municipal de Paris, pendant le séjour du Roi & de la Reine d'Italie en France.

Aux voyageurs descendus du train s'étaient joints les employés du chemin de fer; tous se mirent à entourer le groupe des autorités &, dès que les présentations furent terminées, ils firent une ovation au Président du Conseil municipal.

On se dirigea vers la salle d'attente des premières classes transformée en salon : l'entrée portait un trophée de drapeaux italiens & français; l'intérieur était orné de plantes vertes & de fleurs.

Lorsque M. Deville, suivi des représentants de la Municipalité & de la Chambre de commerce, apparut sur la place où attendaient les voitures, ce fut une nouvelle démonstration; la foule éclata en applaudissements & en vivats.

Les acclamations redoublèrent quand les employés de la gare apportèrent & mirent dans les voitures les magnifiques bouquets offerts par Catane & Bagheria, & les cris de « Viva la Francia! » ne cessèrent que lorsque le cortège se fut éloigné au grand trot.

Après avoir parcouru la belle rue Macqueda, on arriva à l'hôtel des Palmes, où la Municipalité avait retenu le grand appartement du premier étage.

Devant l'entrée de l'hôtel, un peloton de gardes municipaux en grande tenue présentaient les armes. Ils y montèrent la garde en permanence pendant tout le séjour du Président du Conseil municipal de Paris.

Après quelques instants de repos dans le salon, en compagnie de M. le Prosyndic Bonanno, des Assesseurs & des Délégués de la Chambre de commerce, M. Deville sortit en voiture avec le Consul de France, M. le Baron Rousseau, & fit, sous sa conduite, le tour de la ville.

Celle-ci, composée dans sa partie ancienne de rues étroites & tortueuses, est partagée en quatre quartiers par deux rues en ligne droite se coupant verticalement, les rues Macqueda & Victor-Emmanuel, qui forment à leur point de rencontre un carrefour nommé place des Quatre-Coins. On ne saurait dire l'animation qui règne dans cette partie de la ville.

L'après-midi, le Président du Conseil municipal fit plus ample connaissance avec les splendeurs & les richesses des monuments de Palerme, en compagnie de M. le Professeur Salinas, directeur du Musée national, qui mit sa science impeccable & sa haute courtoisie au service de l'hôte de la Municipalité.

Au Musée national, M. Deville put admirer notamment les célèbres Métopes de Selinonte & le Bélier de Syracuse. Puis il visita successivement le Palais royal & sa prestigieuse Chapelle Palatine, l'antique église & le cloître de Saint-Jean des Ermites qui remontent aux Normands, la cathédrale ou Dôme, & il parcourut les quartiers de la vieille ville.

LA RÉCEPTION À L'HÔTEL DE VILLE.

A 5 heures, le Président du Conseil municipal de Paris arrivait à l'Hôtel de Ville, où une réception avait été organisée en son honneur.

La foule qui s'était massée sur la place Pretoria, devant l'entrée du Palais municipal, lui fit une ovation, & la musique municipale joua la *Marseillaise*.

Dans la cour & sur la place, les honneurs étaient rendus par des gardes municipaux en grande tenue.

L'Hôtel de Ville avait reçu sa parure des jours de fête : des drapeaux flottaient au balcon; le vestibule & le grand escalier, garnis de tapis, étaient splendidement décorés de plantes vertes & de fleurs; dans tous les salons, même profusion de fleurs & de plantes.

M. Deville fut accueilli à l'Hôtel de Ville par M. le Prosyndic Bonanno, entouré des membres de la Junte, MM. Napoli, Colnago, Mannino, Denaro, Castellana, Lojacono, Silvestri, di Benedetto, Corvaia.

Lorsqu'il fut entré dans la salle d'Antinoüs, le Prosyndic lui présenta le Marquis de Seta, préfet de Palerme, & les membres du Conseil municipal.

Parmi les assistants : le Baron Rousseau, consul de France; M. di Stephano, député; le Vice-Président & un grand nombre de Conseillers de la Chambre de commerce, les membres de la Junte provinciale administrative, de nombreux Conseillers provinciaux & les Conseillers de préfecture.

Le cortège, passant par la salle Garibaldi, se dirigea vers la salle Rouge, où le Prosyndic montra à M. Deville de splendides armes conservées dans une vitrine & qui sont celles données par Napoléon Ier à l'amiral Gravina. Après avoir traversé la salle du Conseil, tous les invités pénétrèrent dans la salle Jaune où avait été dressé un magnifique buffet.

Le Président du Conseil municipal de Paris, émerveillé des beautés de l'antique palais où siège la Municipalité, exprima au Prosyndic & au Préfet tout le plaisir qu'il éprouvait de la charmante réception qui lui était faite & par la population & par ses représentants. Il leur dit combien il avait été frappé des richesses artistiques & historiques que recèlent le Musée & les monuments de Palerme.

A 6 heures un quart, il quittait l'Hôtel de Ville, accompagné jusqu'au grand escalier par le Prosyndic, le Préfet & les membres de la Junte.

Sur la place, encore garnie d'une nombreuse foule, une

ovation prolongée lui fut faite, aux cris répétés de « Viva la Francia! »

Quand le Président du Conseil municipal de Paris regagna son hôtel, il trouva dans le salon une magnifique corbeille de fleurs qui lui était offerte par la Chambre de commerce de Palerme.

LE BANQUET.

Le même soir, à 8 heures, eut lieu à l'hôtel des Palmes le banquet offert par la Municipalité de Palerme au Président du Conseil municipal de Paris.

M. Deville avait à sa droite le Préfet, Marquis de Seta, & M. di Stefano, député; à sa gauche, le Prosyndic & Député, M. Bonanno, & le Sénateur Oliveri.

Les autres convives étaient : M. Riccobono, vice-président de la Chambre de commerce; M. le Baron Rousseau, consul de France; MM. Napoli, Colnago, Bettinali, Mannino, Galbo, di Benedetto, Bruno, Corvaia, assesseurs; MM. Damiani-Almeyda, Bosco, Li Donni, Sangiorgi, Salinas, di Martino, Ignazio Savona, Salvo-Saitta, Rutelli, Randazzo, conseillers municipaux; M. Pavone, conseiller provincial; MM. Lecerf, Conigliaro, Mirto, Anzon Benfante, Pasquale Savona, conseillers de la Chambre de commerce; MM. Collotti & Somma, secrétaires de la Chambre de commerce; M. Ramirez, secrétaire général de l'Hôtel de Ville, & les représentants de la Presse.

IMPRIMERIE NATIONALE.

Le menu était ainsi composé :

Potage Bagration
Spinola bouillie sauce Aurore
Filet de bœuf Conca d'Oro
Terrines de foies gras à l'Aspic
Asperges de Gênes sauce Riche
Cailles rôties
Salade
Glace Palermitaine
Pâtisserie
Dessert

—

VINS

Marsala Ingham
Misilmeri
Château Seiglière 1887
Piper Heidsieck sec 1889

Au champagne, M. le Prosyndic BONANNO se leva & prononça le toast suivant, en français :

J'ai l'honneur de saluer en vous, au nom de Palerme, la Municipalité de Paris, si dignement représentée.

En ce moment solennel, où le rapprochement si vivement désiré des deux sœurs latines est scellé dans Rome italienne, c'est en exultant que j'applaudis aux progrès de la France & de l'Italie qui, glorieuses dans leur passé, prospères dans leur présent, marchent avec une égale ténacité de propos à la conquête de leurs grands idéaux hautement civils, dignes du gentil sang latin.

C'est donc dans ces intentions que je bois à la prospérité de la France, à la santé du Président Loubet & à la vôtre, Monsieur.

Tous les convives applaudirent &, levant leurs verres, crièrent « Vive Loubet! Vive la France! Vive Paris! »

M. DEVILLE se leva à son tour & prononça les paroles suivantes :

Quand j'ai accepté l'agréable mission de porter le salut de Paris aux grandes villes italiennes, j'ai aussitôt pensé à venir jusqu'à l'extrémité de l'Italie, à Palerme. Et j'en suis heureux parce que j'ai trouvé une ville gracieuse, élégante, riante, embaumée de fleurs, qui conserve son aspect antique & ses traditions tout en prenant l'initiative des plus belles œuvres du progrès.

Si la radieuse Palerme, dont j'ai admiré les monuments, a maintenu ainsi la tradition de ses gloires artistiques & historiques, tout en montrant qu'elle est parmi les villes qui ont su faire la plus grande part au progrès, elle le doit à une Municipalité qui a une idée vraiment moderne de la commune.

La Ville de Paris a pensé qu'elle avait à remplir une mission d'amitié & d'entente parfaite : outre l'union des Gouvernements, il était nécessaire de faire l'union des villes de France & d'Italie, du peuple italien & du peuple français qui ont la même communauté d'origine, de caractère & d'aspirations. En se rapprochant plus intimement, les deux nations sœurs ont tout à gagner.

Si les rameaux de l'arbre latin ont été un moment brisés, aujourd'hui ils refleurissent & l'arbre se dresse plus florissant & plus majestueux que jamais.

J'exprime la plus vive satisfaction & la plus entière gratitude pour l'accueil fait aux Représentants de Paris dans toutes les villes d'Italie, & dans Palerme, la capitale enchanteresse de la laborieuse Sicile. Mon plus grand désir est de voir les Municipalités italiennes visiter les villes de France; ainsi se noueront de nouveaux liens politiques & commerciaux.

Je lève mon verre, Messieurs, à l'amitié de nos deux villes, à l'union des races latines, à l'affectueuse entente de l'Italie & de la France.

Les applaudissements qui avaient souligné, à plusieurs reprises, les paroles du Président du Conseil municipal, éclatèrent de nouveau après son discours, & ce fut sur des vivats enthousiastes pour Paris & la France que prit fin cette imposante manifestation de courtoisie & d'amitié.

La soirée se termina par une représentation de gala au théâtre Massimo, où l'on donnait *Adrienne Lecouvreur,* opéra du maître Cilea.

Lorsqu'à la fin du premier acte M. Deville apparut dans la loge de la Municipalité, en compagnie du Prosyndic & des Assesseurs, l'orchestre attaqua la *Marseillaise,* tous les spectateurs se levèrent &, après avoir écouté l'hymne national français, poussèrent avec enthousiasme des cris de « Viva la Francia! » au milieu du fracas des applaudissements.

L'orchestre joua ensuite la *Marche royale,* & ce fut une nouvelle ovation.

Après le deuxième acte, les assistants, tournés vers la loge municipale, réclamèrent à grands cris la *Marseillaise,* puis la *Marche royale* & enfin l'*Hymne de Garibaldi,* qui furent exécutés au milieu des applaudissements les plus chaleureux. Ce fut une manifestation émouvante, qui se renouvela avec le même enthousiasme lorsque, à minuit, le Président du Conseil municipal se retira.

Avant de quitter le théâtre, il fut conduit par le Prosyndic à un buffet dressé dans le salon royal &, au cours de cette réception amicale, il félicita le maître Cilea pour l'œuvre remarquable qu'il avait eu le plaisir d'entendre.

L'EXCURSION À MONREALE.

Pour la matinée du 22 avril, le Prosyndic, M. Bonanno, avait organisé une promenade à Monreale, petite ville située à 7 kilomètres de Palerme & possédant une cathédrale du XIIe siècle, le monument le plus remarquable élevé par les Normands en Sicile.

A 9 heures & demie, accompagné du Prosyndic, du Consul de France, Baron Rousseau; de MM. Napoli, Corvaia, Bettinali, Castellana, assesseurs; du Sénateur Oliveri, de MM. Bosco & Salinas, conseillers municipaux; de MM. Urso & Savona, membres de la Chambre de commerce, le Président du Conseil municipal de Paris se rendait en voiture à la place Bologni où l'attendait un tramway électrique spécialement destiné, par les soins du Prosyndic, à transporter à Monreale son hôte & ses invités.

La voie monte d'abord doucement vers le pied de la colline sur le flanc de laquelle est Monreale, puis tout à coup se dresse une pente abrupte, que le tramway ne pourrait gravir par ses propres moyens. On a donc établi un funiculaire mais, pour que tout transbordement soit évité, le câble actionne un chariot bas auquel la voiture électrique elle-même est fixée & qui, en quelques instants, la conduit sur la place principale de Monreale.

A 10 heures, la voiture spéciale atteignait le terminus.

A son arrivée, la musique municipale joua la *Marseillaise,* pendant que la population, accourue en foule, faisait une ovation au Président du Conseil municipal de Paris, qui fut reçu par M. de Francisci, commissaire royal extraordinaire, accompagné du Secrétaire en chef, M. di Miceli, & du Vice-Secrétaire.

Le Professeur Salinas, tout désigné par sa profonde science historique & ses connaissances artistiques, prit la direction du cortège, qui parcourut d'abord la cathédrale, une véritable merveille par ses portes de bronze, ses mosaïques, ses tombeaux, la richesse de son architecture & ses vastes proportions.

On passa ensuite dans l'ancien couvent des Bénédictins où se trouve l'incomparable cloître de Sainte-Marie la Nouvelle, aux colonnes d'une élégance rare.

Sous un des portiques avait été dressé, par les soins du Municipe, un buffet, où M. de Francisci offrit des rafraîchissements à M. Deville & à ses compagnons de promenade.

Le Commissaire royal, une coupe de champagne à la main, s'adressant en français au Président du Conseil municipal de Paris, lui porta le salut de la population de Monreale, heureuse de l'occasion qui lui était ainsi donnée de manifester son affection pour Paris & la France, & fière d'une visite dont elle tirait honneur & dont elle conserverait toujours le souvenir.

A ces paroles charmantes, applaudies par tous les assistants,

M. Deville répondit en remerciant le Commissaire royal de sa haute courtoisie ainsi que de l'accueil particulièrement affectueux de la population. Il ajouta qu'il ne pourrait oublier cette réception, qui restera liée, dans son esprit, au cadre magnifique dans lequel elle s'est produite. Après des applaudissements répétés, on but à la prospérité des deux Nations & à leur union indissoluble.

Ensuite le Prosyndic conduisit son hôte dans le jardin, dont la terrasse domine la large vallée qui descend vers Palerme & la mer.

Depuis Palerme & jusqu'au delà de Monreale, ce ne sont que blanches villas, jardins fleuris, bois de citronniers & d'orangers; partout règne une végétation d'une richesse inouïe, s'étageant sur les pentes des collines aux rochers couverts de cactus. Cette vallée merveilleuse justifie bien le nom de *Conca d'oro* qui lui a été donné.

Mais il fallut s'arracher à cet inoubliable spectacle. Lorsque le cortège reparut sur la place, le Président du Conseil municipal de Paris fut l'objet d'une nouvelle démonstration de sympathie, &, quand il eut pris congé du Commissaire royal, M. de Franscici, ce fut aux sons de la *Marseillaise,* jouée par la musique municipale, & au bruit des acclamations de la foule, que le tramway s'éloigna dans la direction de Palerme.

LE DÉJEUNER À LA VILLA IGIEA.

La voiture électrique quitta, aux portes de Palerme, la voie prise à l'aller, & après une série d'embranchements sur les différentes lignes qui desservent la ville, traversa cette dernière & parvint à Acquasanta, faubourg situé entre le port & le Monte Pellegrino, haut promontoire à pic de tous côtés, qui donne au paysage de Palerme son caractéristique aspect.

Au delà d'Acquasanta, les voitures municipales conduisirent les invités à la Villa Igiea, somptueux hôtel qui dresse ses hautes constructions au milieu d'un jardin dominant la mer, & d'où l'on jouit du merveilleux panorama de Palerme, entre la mer & la côte qui fuit au loin & la « Conca d'oro » couronnée de montagnes.

C'est dans ce site merveilleux qu'eut lieu le déjeuner offert par la Junte.

A 1 heure, autour du Président du Conseil municipal de Paris se trouvèrent réunis : M. Bonanno, député & prosyndic de Palerme; le Préfet, Marquis de Seta; le Sénateur Oliveri, le Consul de France, Baron Rousseau; MM. di Benedetto, Bettinali, Corvaia, Napoli, Galbo, Mannino, Castellana, assesseurs; MM. Bosco & Salinas, conseillers municipaux; M. de Francisci, commissaire royal extraordinaire de Monreale; MM. Riccobono, vice-président; MM. Savona & d'Arrigo, conseillers; M. Collotti, secrétaire de la Chambre de commerce;

M. Donatuti, secrétaire général du Municipe; M. Ramirez, vice-secrétaire; M. Giuliani, secrétaire particulier du Syndic; M. le Professeur Bonomo & M. Saggio, maître des cérémonies.

Le déjeuner comportait le menu suivant :

Langouste Parisienne
Pilaff de cailles Périgourdine
Médaillon de veau aux pointes d'asperges
Pommes nouvelles fondantes
Coupe Thaïs
Petits fours assortis
Fromage
Fruits

—

VINS

Camastra
Médoc supérieur
Piper Heidsieck

Au champagne, M. Bonanno, prosyndic, & M. Deville prononcèrent des toasts; aux applaudissements de toute l'assistance, ils burent à l'union des deux nations latines, à leur marche en commun vers tous les progrès, à l'amitié des municipalités italiennes & françaises, à la prospérité de Palerme & de Paris.

Après une promenade dans le jardin de la villa, au cours de laquelle il s'arrêta de nouveau à contempler l'attachant spectacle qu'offraient Palerme & ses environs, M. Deville reprit sa voiture & regagna la ville pour se rendre à la réception donnée en son honneur par la Chambre de commerce.

LA RÉCEPTION À LA CHAMBRE DE COMMERCE.

A 4 heures, accompagné de M. Bonanno, prosyndic; du Baron Rousseau, consul de France, & de MM. Saggio & Ramirez, M. Deville arrivait au siège de la Chambre de commerce. Un piquet de gardes municipaux rendait les honneurs devant l'entrée.

Le Président du Conseil municipal de Paris fut accueilli au pied du grand escalier par le Vice-Président de la Chambre, M. Riccobono, entouré de MM. Oliveri, Lecerf, Pasquale Savona, Benfante, d'Arrigo, Randazzo, Barocchieri, Auzon, Ahrens, Urso, Follina, Mirto, conseillers, ainsi que de MM. Collotti & Somma, secrétaires de la Chambre de commerce.

En l'absence de M. La Farina, président, en ce moment à Rome, M. Riccobono remercia M. Deville de l'honneur qu'il faisait à la Chambre de commerce en voulant bien visiter son siège, & le Président du Conseil municipal lui répondit en se déclarant très heureux de passer quelque temps parmi les représentants du commerce palermitain.

Après la visite des locaux de la Chambre, salle des réunions, bibliothèque & bureaux, tous les assistants prirent place dans la salle des séances.

Étaient présents, outre le Prosyndic & le Consul de France, M. le Marquis de Seta, préfet de Palerme; M. le Sénateur

Guarneri, M. d'Agostini, commandant du port; M. Viola, secrétaire général de la Compagnie de navigation générale italienne; M. Édouard Varvaro, directeur de la Caisse d'épargne; M. de Francisci, commissaire royal de Monreale, & un grand nombre de Conseillers municipaux & provinciaux.

M. Riccobono, vice-président de la Chambre de commerce, prononça le discours suivant :

Messieurs,

Le salut cordial que je vous adresse au nom des commerçants & des industriels de cette province vous exprime tous nos sentiments de fraternité & de solidarité pour la grande & forte nation qui, après avoir été maîtresse de civilisation & de liberté, a aussi montré au monde comment un peuple industrieux & laborieux peut & sait atteindre son plus grand développement économique.

Nés de la communauté d'origine, accrus par les événements historiques, cimentés sur les glorieux champs de bataille, ces sentiments, que n'ont jamais affaiblis les incidents de la politique, ont trouvé leur plus belle expression dans ces derniers temps, lorsque les deux pays ont voulu les affirmer solennellement.

Et aujourd'hui nous en recueillons avec grande joie deux nouvelles manifestations : aujourd'hui ils se raffermissent toujours davantage, grâce à cet impérissable gage de mutuelle affection donné par la présence en Italie des Représentants de la France & par l'enthousiasme cordial avec lequel notre pays les accueille; aujourd'hui il provoque un autre pacte fraternel, récemment conclu, pour la protection réciproque du travail.

Et ici permettez-moi, dans le Travail fécondé par le génie industriel & l'activité commerciale, de saluer une des plus grandes gloires de la France, de retrouver en lui, avec l'orgueil d'un Sicilien, l'aspiration la plus ardente de cette Île qui veut, après avoir été délivrée de toute gêne économique, acquérir cette prospérité dont les sources sont les entreprises industrielles & commerciales désormais introduites ici & affirmées par un noble esprit de patriotisme.

Messieurs, puisse la solennelle démonstration de l'amitié des deux peuples, personnifiée dans l'amitié du jeune Monarque de l'Italie nouvelle & du Chef de la troisième République française, témoigner de l'identité des intérêts, des aspirations, des idéaux qui les animent, qui les lient dans le présent & dans l'avenir! Puisse, sous ses auspices, se produire le raffermissement des rapports commerciaux qui constituent la fortune des pays civilisés!

Le Président du Conseil municipal de Paris répondit en ces termes :

Monsieur le Président,

Messieurs les Conseillers de la Chambre de commerce,

Je suis heureux de l'occasion qui m'est donnée de saluer les Représentants du commerce palermitain.

Je ne puis oublier, en effet, que, pendant le séjour à Paris de LL. MM. le Roi & la Reine d'Italie, la Chambre de commerce de Palerme a tenu à exprimer au Président du Conseil municipal de Paris, dans un télégramme empreint de la plus ardente sympathie, les vœux sincères qu'elle faisait pour l'union des deux pays & l'harmonie entre les deux peuples.

Tout à l'heure encore, par une attention charmante dont je veux la remercier ici-même, la Chambre de commerce a envoyé au Représentant de Paris une magnifique corbeille de ces belles fleurs de votre pays embaumé.

Ces courtoises & amicales démarches disent bien l'esprit qui vous anime, Messieurs, à l'égard de mon pays.

Les éclatantes beautés de Palerme, les merveilles de votre île enchanteresse n'ont pas seules retenu mon attention. Sous le ciel toujours limpide qui fait ressortir la fraîcheur de la verdure & semble porter à la rêverie, j'ai vu une Sicile puissamment industrielle, une Palerme activement commerçante, qui parcourent résolument la voie du progrès & de la civilisation & s'assurent ainsi un avenir prospère.

Mais, pour arriver avec plus de certitude à cette prospérité tant désirée, il faut que de nouveaux liens se nouent entre nos deux pays en vue d'activer & d'augmenter les échanges commerciaux, bases du bien-être de tous.

Les manifestations de sympathie qui se sont répétées dans toute l'Italie entre ses Municipalités & les Représentants de Paris & qui viennent de recevoir ici leur couronnement, ont cette signification heureuse que les deux peuples sont prêts pour une amitié indissoluble, garantie par de nouveaux liens économiques.

Je souhaite donc que bientôt des traités de commerce viennent cimenter une fois de plus les liens de race, de caractère & de sentiments qui unissent nos deux nations.

Les deux discours furent salués par des applaudissements unanimes, & un grand nombre de Conseillers de la Chambre de commerce vinrent serrer les mains de M. Deville.

M. Riccobono conduisit alors ses invités au buffet préparé à leur intention & leur en fit les honneurs avec le plus gracieux empressement.

Mais l'heure approchait où le Président du Conseil municipal devait quitter Palerme & la Sicile pour se rendre à Rome.

A 7 heures & demie, quand M. Deville, accompagné du Prosyndic, arriva sur le vapeur *Marco Polo,* qui devait le conduire à Naples, il trouva à l'embarcadère les Assesseurs, les Conseillers municipaux, les membres de la Chambre de commerce & tous ceux avec qui il s'était rencontré pendant son séjour à Palerme.

Au moment où le navire allait lever l'ancre, M. Deville remercia encore une fois le Prosyndic, M. Bonanno, & tous les assistants, du fraternel accueil qui lui avait été fait & dont il garderait toujours l'agréable souvenir, & le signal du départ fut donné au bruit des derniers applaudissements de la foule.

Quelques instants avant de quitter Palerme, M. Deville avait reçu de M. La Farina, président de la Chambre de commerce, qui n'avait pu assister à la réception donnée en l'honneur du Président du Conseil municipal de Paris, un télégramme ainsi conçu :

Permettez que de Rome, où je reste pour rendre les honneurs aux Représentants de votre glorieuse patrie, je joigne ma voix à celles de mes collègues pour affirmer les sentiments de fraternité des deux nations & pour vous présenter mes hommages les plus distingués.

La Farina.

D'autre part, l'Association démocratique avait envoyé l'adresse suivante :

A l'honorable M. Deville, Président du Conseil municipal de Paris.

L'Association démocratique de Palerme, heureuse de ce que les nouveaux temps ont effacé les tristes souvenirs de discordes barbares fomentées par d'anciennes dissensions d'aventuriers & se souvenant des glorieuses batailles où les frères français ont combattu pour l'unité de l'Italie, salue avec enthousiasme les Représentants de la Municipalité de Paris, phare lumineux de civilisation, drapeau de la noble revendication des droits de l'homme, & elle fait des vœux sincères pour que le baiser fraternel que l'illustre Président de la République française vient donner à Rome libre, capitale de l'Italie, scelle un nouveau pacte d'amour indissoluble & de paix éternelle pour le bien de l'humanité.

Le Vice-Président,

GRAZIANI.

ROME.

Débarqué à Naples le samedi 23 avril à 7 heures du matin, le Président du Conseil municipal de Paris ne fit que traverser la ville pour aller immédiatement prendre le train de Rome.

Sur le quai de la gare il eut le plaisir de rencontrer le Syndic de Naples, accompagné de quelques-uns de ses collègues de la Municipalité, qui avait tenu à le saluer à son retour de Sicile &·à qui il adressa les plus vifs remerciements pour sa gracieuse démarche.

Il arrivait à Rome, le même jour, à 1 heure de l'après-midi & fut reçu à la gare par le Prince Prospero Colonna, syndic de Rome; MM. Palomba, Postempski, Rasponi & Trompeo, assesseurs, & M. Lusignoli, secrétaire général de la Municipalité. Avec eux se trouvait également M. Ernest Caron, président du Conseil général de la Seine, qui, répondant à l'invitation du Prince Colonna, était arrivé la veille de Paris.

Le Syndic exprima à M. Deville les compliments de bienvenue de la Municipalité & de la population de Rome, puis il lui présenta ses collaborateurs.

Le Président du Conseil municipal de Paris & le Président du Conseil général de la Seine prirent place, à côté du Prince Colonna, dans un des landaus, à la livrée de la Ville, rangés devant la gare, & le cortège, salué par les applaudissements des assistants, se dirigea vers le Corso & se rendit au Splendid Hôtel, où un appartement avait été retenu par les soins de la Municipalité.

A 3 heures, le Syndic de Rome revint prendre M. Deville pour faire, en voiture, une promenade dans la ville. Ils visitèrent successivement la villa Borghèse, le Pincio, les quais du Tibre & le Janicule, parcourant ainsi les principaux quartiers de Rome.

Partout on procédait, avec une hâte fébrile, aux derniers travaux de décoration & de pavoisement des voies & promenades publiques.

A l'entrée du Corso, la Piazza del Popolo est garnie de mâts surmontés de génies ailés qui soutiennent des couronnes; des bandes tricolores s'étendent d'un mât à l'autre. Sur de grands écussons, abrités par les plis de drapeaux italiens & français, brillent les mots : « Liberté, Égalité, Fraternité ».

Sur les flancs du jardin du Pincio, qui domine la place, se dresse un immense motif décoratif composé de colonnes, de frises, de tentures, qui le soir sera embrasé de mille feux.

La décoration du Corso est constituée par des couronnes de plus de 20 mètres de circonférence, suspendues aux maisons par de grands rubans tricolores dont les pans retombent le long des façades. Le soir, ces couronnes, illuminées au gaz, formeront une véritable voûte de feu.

Sur la place Colonna, pour cacher une dépression du sol, on a improvisé un jardin. Rien n'y manque : arbres, pelouses, allées, fleurs, pilastres supportant des amphores, chapiteaux, marbres anciens. Une statue de marbre blanc orne le centre de ce parc en miniature.

L'entrée de la via Nazionale du côté de l'Exèdre, près de la gare, est ornée d'une superbe targe romaine, terminée en haut par deux têtes d'hippogriffe & surmontée d'un aigle. Cette targe porte le monogramme en or de la République française sur fond d'azur. Les lettres R. F. sont entourées de branches de chêne & de laurier en relief.

Au-dessous de la targe flottent les drapeaux de la France & de l'Italie. Tout le long de la via Nazionale se dressent de magnifiques mâts surmontés d'étendards & reliés par des guirlandes. Au Palais de l'Exposition est suspendue également une targe romaine, avec les écussons de Paris & de Rome, le premier bleu & rouge, le second jaune & rouge. La rue & la place du Quirinal sont ornées de guirlandes & de mâts surmontés de Victoires & de drapeaux italiens & français.

Dans toutes les rues où, à un moment quelconque, passeront les cortèges officiels, les habitants ont fait assaut d'empressement pour décorer les maisons; les balcons & les fenêtres sont garnis de draperies, de tentures, de drapeaux, d'oriflammes. Sous ces décorations multicolores, les façades prennent un aspect chatoyant & pittoresque. Les trois couleurs, soit italiennes (rouge, blanc, vert), soit françaises (bleu, blanc, rouge), brillent partout. Elles constituent la note dominante du pavoisement dans toute la ville.

Quand il rentra à l'hôtel, M. Deville remarqua au balcon de son appartement des trophées aux couleurs de Paris qui se mariaient aux couleurs nationales de l'Italie & de la France, dans les plis entrelacés des grands oriflammes.

Le lendemain, le Président de la République devait arriver à Rome.

Après le merveilleux voyage au cours duquel il avait recueilli, dans les grandes villes italiennes, tant de témoignages de chaude sympathie pour la France & sa capitale, le Président du Conseil municipal de Paris allait s'effacer devant le Représentant de la France entière.

Mais le Syndic & la Municipalité de Rome ne manquèrent pas de lui réserver une place d'honneur dans toutes les manifestations & cérémonies qui marquèrent chaque journée de cette incomparable semaine de fêtes franco-italiennes, pas plus qu'ils n'avaient oublié d'associer les armes & les couleurs de la Ville de Paris à toutes les décorations publiques.

L'ENTRÉE À ROME

DU PRÉSIDENT DE LA RÉPUBLIQUE FRANÇAISE.

La journée du dimanche 24 avril était celle de l'arrivée à Rome du Président de la République, qui venait rendre au Roi & à la Reine d'Italie la visite que les Souverains lui avaient faite à Paris au mois d'octobre 1903.

Pendant la matinée, les habitants avaient achevé la décoration des façades & des fenêtres. Partout des drapeaux, même sur les voitures & les tramways. Dès les premières heures de la journée la foule s'était portée vers les rues où devait passer le cortège.

Le ciel est bleu & le soleil éclatant : après plusieurs jours de pluie le beau temps est revenu & tout semble présager une admirable journée de fête.

A 3 heures, M. le Comte di San Martino, assesseur de Rome, & M. Lusignoli, secrétaire général de la Municipalité, viennent prendre M. Deville & M. Ernest Caron pour rejoindre le Prince Colonna sur la place de l'Exèdre, voisine de la gare.

C'est avec peine qu'à travers la foule les voitures gagnent, par le Corso & la place de Venise, la via Nazionale, où doit passer le Président de la République. Toutes les fenêtres sont garnies de spectateurs, dont les têtes apparaissent dans l'encadrement des drapeaux tricolores & des tapisseries qui pendent aux balcons.

Sur les larges trottoirs, c'est une masse compacte de gens qui, maintenue par les troupes d'un côté & de l'autre, poussée par les nouveaux arrivants, ondoie comme les vagues d'un fleuve. La moindre corniche, la plus étroite saillie a été prise d'assaut.

Le soleil dardant ses rayons sur les décorations des maisons & de la rue, sur la foule, sur les uniformes des soldats, fait briller les couleurs vives des drapeaux, des écussons, des toilettes & des uniformes.

C'est un spectacle de toute beauté.

En débouchant de la via Nazionale les voitures s'arrêtent

sur la place de l'Exèdre : M. Deville & M. Ernest Caron descendent & rejoignent le Prince Colonna, Syndic de Rome, qui, entouré de tous les Assesseurs, attend l'arrivée du Président de la République pour le saluer, au nom de la Municipalité & de la population, à son entrée dans la ville.

La place de l'Exèdre offre le plus merveilleux spectacle.

Les deux palais semi-circulaires qui raccordent la place à la via Nazionale sont décorés de drapeaux, de festons & de grands mâts plantés sur leurs toits en terrasse. Leurs fenêtres sont, à chaque étage, garnies de spectateurs. Les portiques, sur lesquels brillent les ors & les couleurs des armoiries des provinces italiennes, & les degrés des perrons qui s'étendent devant la façade des palais donnent asile à une foule considérable. Les Conseillers municipaux & provinciaux, les membres du Comité des fêtes, les représentants de la Presse, les professeurs de l'Université & les étudiants, les élèves des écoles & des sociétés de tir, les délégués des provinces & des associations patriotiques & ouvrières occupent les tribunes dressées à droite & à gauche de l'Exèdre.

La foule, maintenue à grand'peine par des cordons de troupe, se presse de chaque côté de la place jusque devant la gare. Les ruines gigantesques des Thermes de Dioclétien & l'église Sainte-Marie des Anges portent elles-mêmes de nombreux spectateurs.

Dans l'espace laissé libre par les troupes, entre la fontaine de Rutelli & la via Nazionale, se tiennent le Prince Colonna, syndic de Rome, & les membres de la Junte : MM. Palomba,

Rasponi, Scialoia, Vanni, Postempski, Tittoni, Ceselli, Trompeo, Giordano-Apostoli, Ballori & Desideri.

Auprès du Syndic se trouvent M. Deville, président du Conseil municipal de Paris, & M. Ernest Caron, président du Conseil général de la Seine, accompagnés du Comte de San Martino & de M. Lusignoli.

Devant la tribune des Conseillers municipaux sont alignés les huissiers de la Municipalité, des pompiers & des agents, les trompettes de la commune & les « Fidèles capitolins » dans leurs costumes historiques.

Derrière le gonfalon de Rome, que porte un officier, sont rangés les étendards des quatorze quartiers de la Ville.

En attendant l'arrivée du cortège, les musiques disséminées sur la place jouent alternativement, & les étudiants ne cessent de chanter la *Marseillaise.*

Tout à coup, à 4 heures précises, éclatent, du côté de la gare, des applaudissements & des vivats. Un frémissement parcourt la foule & le silence le plus solennel plane sur toute l'assistance.

Peu après apparaissent derrière les naïades de la fontaine les trompettes des cuirassiers & les chevaliers-gardes.

Le cortège tourne lentement autour de la fontaine, pendant que la musique municipale attaque la *Marseillaise* & que les troupes, les agents & gardes municipaux présentent les armes.

C'est alors une acclamation frénétique : au fracas des applaudissements se mêlent les cris de bienvenue.

ROME

Le Prince Colonna, syndic de Rome,
accompagné des Présidents du Conseil municipal de Paris
& du Conseil général de la Seine,
attendant le Président de la République sur la place de l'Exèdre

(24 avril 1904)

Imp. Ch. Wittmann

Arrivé à la hauteur du groupe que forment le Syndic de Rome, les Assesseurs, M. Deville & M. Ernest Caron, le carrosse royal s'arrête. Le Prince Colonna s'approche aussitôt de la voiture, &, s'inclinant devant le Président de la République française, il lui adresse ces paroles :

J'ai l'honneur, Monsieur le Président, de vous souhaiter la bienvenue & de vous présenter les hommages de Rome, cœur de l'Italie, aujourd'hui frémissant d'une même joie en vous voyant à côté de notre bien-aimé Souverain.

Déjà, à Paris, les deux grandes sœurs latines s'étaient enfin retrouvées; aujourd'hui, c'est avec nos sentiments d'autrefois, c'est avec tous les souvenirs de nos gloires communes que nous saluons la France en vous, & qu'à jamais nous scellons le pacte d'amitié, ici, à Rome, dont le nom augure la durée éternelle.

Le Président se penche alors vers le Syndic, lui prend la main & répond en ces termes :

Je vous remercie des sentiments que vous m'exprimez & je vous assure que le Président & la France entière les partagent.

Le Président ayant ainsi reçu le salut de Rome à son entrée dans la ville, la voiture repart au milieu des acclamations. Les étudiants font une ovation indescriptible au Roi & au Président de la République en agitant leurs bérets aux vives couleurs. Puis le cortège s'engage dans la via Nazionale, où les manifestations se renouvellent à chaque pas, & c'est au milieu des acclamations de toute la cité qu'il parvient au Palais du Quirinal. Sur tout le parcours, les spectateurs massés aux fenêtres & aux balcons, ainsi que la foule entassée sur les trottoirs, avaient fait au Président de la République, aux cris mille fois répétés de « Viva Loubet! Viva la Francia! » une réception à laquelle l'indicible enthousiasme de la population imprimait un caractère inoubliable.

LE BANQUET DU GRAND HÔTEL
ET
LA RETRAITE AUX FLAMBEAUX.

Le soir même de l'arrivée du Président de la République, le Prince Colonna, syndic de Rome, offrit un banquet à M. Deville, président du Conseil municipal de Paris, & à M. Ernest Caron, président du Conseil général de la Seine.

Le repas eut lieu dans un salon du Grand Hôtel, décoré pour la circonstance aux couleurs italiennes & françaises.

Autour de la table, garnie de fleurs magnifiques, prirent place, aux côtés du Syndic & de ses deux hôtes, les membres de la Junte, le Secrétaire général de la Municipalité & le Chef du Service municipal des Beaux-Arts.

Le banquet, pendant lequel régna la plus affectueuse cordialité, eut un caractère d'intimité parfaite.

Au champagne, le Prince Colonna, après avoir rappelé son séjour à Paris lors de la visite de LL. MM. le Roi & la Reine d'Italie, remercia le Président du Conseil municipal de Paris de la réception qui lui avait été faite par la Municipalité parisienne.

Il exprima à M. Deville & à M. Ernest Caron tout le plaisir qu'avait la Municipalité de Rome de recevoir les représentants élus de la Ville de Paris & du Département de la Seine, & termina en portant un toast à la glorieuse capitale de la France.

A ce moment, le Prince Colonna remit à M. Deville & à M. Caron, en souvenir de leur séjour à Rome, une médaille d'argent frappée à leur intention.

M. Deville remercia le Syndic de Rome & les Assesseurs de leur fraternelle invitation : il rappela les réceptions chaleureuses qui avaient signalé le passage du Président du Conseil municipal de Paris dans les principales villes italiennes & dit que ce voyage était couronné par le merveilleux accueil que la population de Rome venait de faire au Président de la République française.

Il ajouta que la médaille offerte par le Syndic & la Municipalité lui rappellerait toujours le souvenir de ces fêtes brillantes qui consacrent si heureusement l'amitié de la France &

de l'Italie, & il termina en buvant à la prospérité de Rome, mère glorieuse des peuples latins.

A son tour, M. Ernest Caron exprima toute sa reconnaissance pour l'invitation courtoise de la Municipalité de Rome qui avait ainsi voulu associer le Président du Conseil général de la Seine à la réception organisée en l'honneur du Président du Conseil municipal de Paris.

Il dit que la population du Département de la Seine applaudissait comme celle de Paris aux belles journées qui, dans les capitales des deux pays, renouvelaient l'heureuse union des peuples frères.

Il leva ensuite son verre en l'honneur de la Ville de Rome, à laquelle il souhaita gloire & prospérité.

Les paroles échangées avaient été chaque fois saluées par les applaudissements des assistants, qui s'associaient ainsi aux sentiments exprimés par chacun des orateurs.

Lorsque le repas eut pris fin & comme les convives quittaient le salon où avait été servi le café, ils assistèrent au défilé de la retraite aux flambeaux organisée par la Municipalité & qui avait pour thème les trois règnes de la nature.

Une série de transparents & de chars montraient successivement les différents animaux, puis les plantes, les fleurs, les fruits, &c. A la suite venaient une grotte avec stalactites, un Vésuve en éruption, des baromètres, thermomètres, horloges, la céramique, des machines électriques, les télégraphes, les téléphones, un aérostat, un train de chemin de fer avec son personnel & ses voyageurs, &c.

Enfin le dernier char portait deux femmes se tenant embrassées & qui représentaient la France & l'Italie, chacune drapée dans son étendard national. A leurs pieds se trouvaient le Commerce, l'Art, l'Industrie, l'Agriculture, la Science, protégés par le génie ailé de la Fraternité des peuples.

La retraite aux flambeaux, qui avait attiré une foule considérable, fut saluée, pendant tout le cours du défilé, par les applaudissements des assistants qui, à l'apparition du char allégorique, firent éclater avec enthousiasme les cris répétés de « Viva la Francia! »

Au moment de quitter la table, le Prince Colonna avait fait connaître qu'il venait de recevoir des employés de la Municipalité de Rome le télégramme suivant dans lequel ils visaient le Chef de cabinet & le Secrétaire particulier du Président du Conseil municipal de Paris :

Au Prince Colonna, Maire.

Les employés communaux, s'unissant à la manifestation de sympathie à l'égard des Représentants de la Ville de Paris, vous prient, illustre chef, de bien vouloir vous faire l'interprète de leurs sentiments unanimes en adressant un salut aux fonctionnaires qui accompagnent dans la capitale de l'Italie ces éminents Représentants, afin que nos chers hôtes portent à tous leurs collègues parisiens l'expression de leur affection fraternelle.

Le Président de la Société des employés communaux,

GUIDO BRANCADORO.

Cette amicale démarche fut le point de départ de plusieurs manifestations de sympathie que se témoignèrent mutuellement les secrétaires des Municipalités romaine & parisienne, tant par des invitations réciproques à Rome que par un échange de télégrammes entre le Chef du Secrétariat du Conseil municipal de Paris & le Secrétaire général du Municipe de Rome.

LE DÉJEUNER À L'AMBASSADE DE FRANCE.

Dans la matinée du 25 avril, le Président de la République se rendit au Panthéon, sur la tombe du Roi Humbert, puis, après une visite à la Reine Marguerite, il gagna le Palais Farnèse, où l'Ambassadeur de France, M. Barrère, donnait un déjeuner en son honneur.

A l'extérieur, le Palais Farnèse avait reçu, pour la circonstance, une sobre décoration qui ne dissimulait pas les belles lignes de l'incomparable monument.

Le service d'ordre était fait par les gardes municipaux & le 1er régiment de grenadiers.

Parmi les convives, qui comprenaient les fonctionnaires des ambassades de France & les principaux personnages français présents à Rome, figuraient le Président du Conseil municipal de Paris & le Président du Conseil général de la Seine.

Après le déjeuner, le Président de la République se rendit dans la Salle rouge du Palais Farnèse, afin d'y recevoir les diverses délégations venues pour le saluer.

Il voulut bien demander au Président du Conseil municipal de Paris de rester à ses côtés pendant la réception des représentants des villes italiennes visitées par les Délégués de Paris au cours de leur voyage.

C'est ainsi que furent reçus notamment M. le Sénateur Frola, syndic de Turin, accompagné des représentants de cette ville; les délégations de Milan, Venise, Bologne, Catane, & le Marquis Niccolini, syndic de Florence.

Après les réceptions, M. Deville venait de regagner son hôtel lorsqu'il fut attiré au balcon par le bruit des acclamations qui, tout à coup, retentirent dans le Corso.

Il vit alors passer le Roi Victor-Emmanuel & le Président de la République, qui, seuls dans un phaéton conduit par le Roi, se promenaient tous deux sans escorte à travers la ville. Partout ils furent l'objet des ovations chaleureuses de la foule dont les flots se pressaient autour de la voiture qui se frayait lentement un passage.

LA REPRÉSENTATION DE GALA
AU THÉÂTRE ARGENTINA.

La journée du 25 avril se termina par une représentation de gala donnée au Théâtre Argentina par les soins de la Municipalité en l'honneur du Président de la République & de LL. MM. le Roi & la Reine d'Italie.

Rien ne saurait dire la magnificence de la salle où se pressait l'élite de Rome.

Quand, à 10 heures, le Président de la République & les Souverains apparurent dans leur loge, & que tous les spectateurs se tinrent debout pour les saluer, ce fut un émerveillement.

Au parterre scintillait l'or des uniformes &, aux diverses rangées de loges, resplendissaient les toilettes féminines.

La Municipalité de Rome avait réservé à la Délégation parisienne, au même rang que la loge royale, l'avant-scène de droite, élégamment décorée aux couleurs de la capitale française & surmontée d'un écusson aux armes de Paris.

Au cours de la soirée, le Président du Conseil municipal de Paris, auprès de qui avait pris également place le Président du Conseil général de la Seine, y reçut successivement la visite du Prince Colonna, syndic de Rome, portant le Grand Cordon de la Légion d'honneur que le Président de la République lui avait décerné la veille; du Comte Tornielli, ambassadeur d'Italie en France, & de nombreuses personnes de la Municipalité & de la Cour.

Le spectacle se composait de *Faust,* l'opéra du maître français Gounod, & d'un ballet : *Bacchus & Gambrinus*.

Lorsque le Président de la République & les Souverains se levèrent pour quitter le théâtre, tous les spectateurs, tournés vers la loge royale, saluèrent d'une ovation enthousiaste les Chefs d'État, appuyant ainsi d'une acclamation spontanée les toasts officiels prononcés quelques heures auparavant au Palais royal & qui venaient d'être connus par l'assistance.

LA REVUE.

Dès les premières heures de la journée du 26 avril, une foule considérable se précipitait, à travers la ville, dans la direction de la place d'armes des « Prati di Castello », prairies situées au nord-ouest de Rome, entre le Tibre & le Monte Mario, une haute colline verdoyante.

Cette place d'armes est bordée, du côté de la ville, par une rangée de casernes, derrière lesquelles s'étendent des quartiers neufs jusqu'au château Saint-Ange.

C'est dans cette plaine qu'étaient disposées les troupes appelées à prendre part à la revue en l'honneur du Président de la République.

Il n'existe pas de tribunes, mais, devant les casernes, avaient été tracées des enceintes réservées, où se répartirent les invités, suivant qu'ils appartenaient à la Cour, au Corps diplomatique, au Gouvernement, au Parlement. Chacun resta dans sa voiture, du haut de laquelle il devait suivre les mouvements des troupes.

Le Prince Colonna, syndic de Rome, était venu prendre à son hôtel le Président du Conseil municipal de Paris, & leur voiture prit place près de celles du Corps diplomatique, à côté de l'emplacement réservé au Président de la République & aux Souverains italiens.

La revue, dans ce cadre pittoresque & printanier, présenta un spectacle merveilleux. La foule qui se pressait tout autour de la place d'armes, acclama avec enthousiasme le Président de la République, le Roi & la Reine, & fit fête aux troupes, dont le défilé emprunta un éclat incomparable au ruissellement de lumière qui faisait briller les vives couleurs des étendards & des uniformes à travers la plaine ensoleillée.

Le retour se fit lentement : les voitures ne pouvaient avancer que pas à pas au milieu des flots humains qui, par les ponts du Tibre, refluaient vers la ville.

Dans le Corso, au passage du landau de la Municipalité occupé par le Prince Colonna & M. Deville, ces derniers assistèrent à une charmante manifestation.

A un balcon avaient pris place, côte à côte, six jeunes filles, habillées chacune de l'une des trois couleurs du drapeau italien & du drapeau français. Le Syndic de Rome & le Président du Conseil municipal de Paris saluèrent tous deux & applaudirent à cette pensée délicate, & la foule, se joignant à eux, fit une ovation aux jeunes Romaines.

LE BANQUET DE LA PRESSE.

L'Association de la Presse italienne avait décidé d'offrir un banquet aux membres de la Presse française venus à Rome.

Le déjeuner eut lieu le mardi 26 avril, à midi, dans le grand salon du rez-de-chaussée, à l'Hôtel Continental.

La salle avait été ornée de trophées de drapeaux aux couleurs italiennes & françaises, encadrant les portraits du Roi Victor-Emmanuel & du Président de la République.

Près de deux cents convives se trouvèrent réunis autour du Duc Caetani di Sermoneta, vice-président de l'Association de la Presse, & parmi eux notamment :

Les Députés Maggiorino Ferraris, Prince Ruspoli; le Général Turr, le Prince Colonna, syndic de Rome; M. Deville, président du Conseil municipal de Paris; M. Ernest Caron, président du Conseil général de la Seine; M. Lockroy, vice-président de la Chambre des Députés; M. Beauquier, député, M. Rivet, sénateur, M. Noblemaire, directeur des Chemins de fer de Paris-Lyon-Méditerranée.

Le repas fut plein d'entrain & d'effusion.

Au dessert, le Duc Caetani di Sermoneta, dans un discours fort applaudi, porta un toast aux Presses sœurs & amies. Il termina en saluant le Président du Conseil municipal de Paris, qui était venu représenter la capitale de la France à cette fête des journalistes, & but à la prospérité de Paris & de la France.

Parmi les autres discours furent remarqués ceux de M. Lockroy, particulièrement vibrant, & de M. Noblemaire, plein d'humour & de verve.

M. Raimondi, parlant au nom du Syndicat des correspondants italiens, prononça un toast chaleureux, qu'il termina ainsi, en rappelant la devise de la République française : «Liberté, Égalité, Fraternité» :

Ces mots nous sont venus de Paris & je choque mon verre à celui de M. Deville, qui représente Paris, le cerveau du monde, le phare de la civilisation.

IMPRIMERIE NATIONALE.

Levons nos verres à Lockroy, à Deville, à l'égalité de toutes les forces sociales, à la liberté des deux peuples, à la fraternité des journalistes français & italiens.

Le Prince Prospero Colonna, syndic de Rome, se leva ensuite, & prononça en français des paroles interrompues à chaque instant par des applaudissements répétés. Après avoir remercié l'Association de la Presse italienne de l'invitation qu'elle avait adressée au Syndic de Rome, il ajouta :

Je puis ainsi renouveler les plus affectueux saluts aux Représentants de la Ville de Paris, qui ont recueilli sur leur passage tant d'expressions de sympathie de la part de la population romaine.

Puis, après avoir rappelé l'enthousiaste accueil fait au Roi & à la Reine d'Italie par la population parisienne, & loué la part prise par la Presse dans l'œuvre de rapprochement des deux nations sœurs, il fit allusion à la communauté de sentiments des deux grandes villes historiques, Rome & Paris, & termina en buvant à M. Deville, à Paris, à la France, à la Presse des deux pays.

Un tonnerre d'applaudissements souligna les heureuses paroles du Prince Colonna, &, lorsque le calme fut revenu, le Président du Conseil municipal de Paris se leva à son tour.

La *Tribuna,* le *Meſsaggero,* la *Patria,* le *Giornale d'Italia* & les autres journaux italiens ont reproduit son discours dans les termes suivants :

La Ville de Paris a été fière de recevoir l'Italie dans la personne de ses Souverains, Rome dans la personne de son aimable Syndic, le Prince Colonna, l'esprit italien dans la personne des journalistes.

Tous en France nous ressentons de la vénération pour Rome, mère de la civilisation latine.

La population parisienne m'a confié le mandat d'apporter aux villes italiennes l'expression de ses sentiments de fraternité & d'affection.

Pendant tout ce voyage, qui finit à Rome, la Presse, portant devant nous un message d'amitié, a fait aux Représentants de Paris un chemin de fleurs.

Je l'en remercie, comme je remercie encore la population romaine & le Prince Colonna, syndic de la capitale italienne, & je bois à la fraternité, à l'union indestructible de Rome & de Paris, de l'Italie & de la France.

On fit une ovation au Président du Conseil municipal de Paris, & les assistants mêlèrent les cris de «Viva Colonna!» à ceux de «Viva Deville!».

Ce fut au milieu d'un enthousiasme croissant que se termina le banquet, où, côte à côte, Italiens & Français avaient échangé tant de témoignages d'estime & de sympathie.

LA RÉCEPTION DU CAPITOLE.

Les rues venant du centre de la ville sont reliées au Capitole par une rampe destinée aux piétons & par un chemin en pente douce que les voitures utilisent pour escalader, par un détour, l'abrupte colline.

Rampe & chemin débouchent sur la place du Capitole, bordée au fond par le Palais du Sénateur, à droite par le Palais des Conservateurs &, à gauche, par le Musée du Capitole.

Au milieu de la place se dresse la statue équestre de Marc-Aurèle, en bronze.

Par sa façade postérieure, le Palais du Sénateur, que surmonte la tour du Capitole, domine le Forum.

Pour la circonstance, les trois palais avaient été réunis par des passages provisoires.

Quatre pavillons, érigés aux portes du Palais des Conservateurs & du Musée du Capitole, donnaient accès dans les salles des fêtes aux différentes catégories d'invités.

Le soir du 26 avril, les trois palais & la tour du Capitole resplendissaient sous l'éclat des illuminations. On ne saurait imaginer un plus prestigieux ensemble de salles magnifiques. Les invités de la municipalité s'étaient répandus dans les nombreuses galeries des musées, où les chefs-d'œuvre de l'art antique formaient un cadre merveilleux à cette brillante solennité.

Dans la salle des Horaces & des Curiaces, au premier étage du Palais des Conservateurs, s'étaient réunis les Ministres, les grands dignitaires de l'État, les membres du Corps diplomatique, le Prince Colonna, syndic de Rome, les membres de la Junte & du Conseil municipal.

Parmi eux se trouvaient le Président du Conseil municipal de Paris & le Président du Conseil général de la Seine.

A l'entrée du Palais se tenaient alignés les gardes & agents municipaux & les pompiers en grande tenue, ainsi que les «Fidèles» dans leur costume traditionnel dessiné par Michel-Ange.

Lorsque, à 10 heures & demie, les carrosses de la Cour, salués par la Fanfare royale, arrivèrent sur la place du Capitole, le Syndic, les Assesseurs & les Conseillers municipaux se portèrent à la rencontre du Président de la République & de LL. MM. le Roi & la Reine d'Italie, à qui le Prince Colonna adressa des paroles de bienvenue.

Après la réponse du Président de la République, le Roi s'approcha de M. Deville & de M. Caron pour leur serrer la main & fit remarquer leur présence à la Reine.

La Princesse Colonna offrit à la Souveraine une magnifique gerbe de fleurs &, tandis que, dans la cour du Palais, la musique municipale jouait la *Marseillaise,* le cortège se forma; précédé de quatre laquais portant des torches de cire & d'un groupe de « Fidèles », il gravit le grand escalier & parvint dans la salle des Horaces & des Curiaces, où se firent les présentations.

Le cortège royal & présidentiel gagna ensuite la grande salle du Palais du Sénateur, dont les murailles étaient ornées des drapeaux des quartiers de Rome, & traversa lentement les rangs des invités représentant toute la haute société romaine.

Les assistants saluèrent d'acclamations répétées le Président de la République & les Souverains, qui furent alors conduits par le Prince Colonna dans les petites salles du deuxième étage donnant sur le Forum, & où les suivirent les Ministres, le Corps diplomatique & les Conseillers municipaux.

De là ils assistèrent à l'embrasement, par des feux de Bengale, du Forum, du Colisée & des hautes substructions du Palatin, l'antique berceau de Rome, pendant que brillaient, sous des flots de lumière, toutes les collines de la ville, le Corso, la Via Nazionale, la place del Popolo, le pont Marguerite; les places de la Liberté, de Venise, Colonna, du Quirinal; les fontaines de la place de l'Exèdre, des Trevi, du Circo Agonale, de Saint-Pierre in Montorio; le Janicule & le monument de Garibaldi, les tours des Milices & des Conti, le Forum de Trajan, &c.

Cet incomparable spectacle, qui impressionna profondément tous ceux qui purent le contempler, a inspiré au *Giornale d'Italia* les lignes suivantes :

...La fantasmagorie commence.

De ces gouffres obscurs qui paraissent sans fond, de cet amas de décombres, d'arcs rompus, de colonnes brisées, de ruines séculaires, s'élève tout à coup comme une aube d'aurore, une clarté qui va peu à peu croissant, un subtil brouillard rosé qui, sans voiler les objets, leur donne au contraire comme un mouvement de choses animées. Les grands arcs de triomphe, qui ont résisté presque intacts à la morsure rongeante des siècles, brillent comme des géants qui veillent sur des compagnons endormis; mais voici que les dormeurs se réveillent, les ruines se soulèvent, grandissent, s'amplifient, comme rappelées à la vie par la voix puissante d'un magicien. Le Forum n'est plus le ténébreux amas de pierres inertes & de marbres froids dans lequel seuls les poètes de l'archéologie savent lire; c'est plutôt la fantastique ville de rêve, une ville palpitante sous les rouges lumières qui, de toutes parts, l'assaillent, sortant comme par enchantement des entrailles de la terre.

De là haut, des hautes fenêtres d'où les hôtes contemplent & admirent, il serait difficile de reconstituer avec l'œil la topographie de la fabuleuse cité. Comme toutes les images & les visions de rêve, celles-ci ne se profilent pas en contours arrêtés, mais du milieu de ce mouvement, de cette ondulation de lumière & d'ombre, de lumière éclatante & de clair obscur, places fantastiques & rues sinueuses, temples de marbre & édifices majestueux se dessinent, disparaissent & reparaissent,

ROME

Le Forum vu du Capitole

(26 avril 1904)

Cliché Anderson, Rome

s'affaissent profondément, se dressent tout à coup comme s'ils obéissaient à de mystérieux appels du lointain. Le mystère des siècles est déchiré & le silence est vaincu; maintenant ces ruines parlent, elles parlent le retentissant langage des souvenirs & elles ont des palpitations & des vibrations, des frémissements & des sursauts. A certain moment, par l'effet des lumières disposées à propos, il semble que la ville morte, comme poussée par des forces souterraines inconnues, se hausse jusqu'au niveau des monuments du Capitole & se confonde dans un embrassement avec la ville des vivants.

Des profondeurs monte l'écho sonore des applaudissements. Ce sont les milliers de spectateurs pressés contre les murs qui entourent le Forum; on dirait des voix venues d'outre-tombe, voix acclamant un consul ou un dictateur victorieux qui, par la « Via Sacra », monte au Capitole pour remercier les dieux.

Mais les feux languissent peu à peu; l'un après l'autre ils s'éteignent; le Forum se perd de nouveau dans les ténèbres de la nuit, dans l'obscurité des siècles. L'enchantement a cessé.

Cette féerie terminée, le cortège revint dans les salles des fêtes.

Le Prince Colonna conduisit ses hôtes au buffet, leur en fit les honneurs & porta un toast au Président de la République & à LL. MM. le Roi & la Reine d'Italie.

Il remit alors au Président, en souvenir de sa visite au Capitole, une grande médaille d'or, frappée expressément à son intention & enfermée dans un artistique écrin, ainsi qu'une reproduction en bronze de la *Louve historique.*

Avant de quitter le Palais du Sénateur, le Président de la République remercia le Syndic de l'accueil cordial de la Municipalité & de la population de Rome, ainsi que de l'incomparable spectacle auquel il lui avait été donné d'assister.

Enfin le cortège officiel, après avoir traversé de nouveau les salles où les invités se pressaient sur son passage, redescendit le grand escalier du Palais des Conservateurs, au pied duquel le Président de la République & les Souverains prirent congé du Prince Colonna & de ses collègues.

Le Président du Conseil municipal de Paris & le Président du Conseil général de la Seine, qui, au cours de la visite, avaient, sur l'invitation du Prince Colonna, pris place près du Syndic & des Assesseurs, furent alors retenus & conduits dans le cabinet du Syndic de Rome, où un buffet avait été spécialement dressé en leur honneur.

Tous deux furent l'objet du plus cordial empressement de la part des membres de la Municipalité.

On échangea de fraternels souhaits de prospérité pour les deux capitales amies, & ce fut par cette charmante manifestation de sympathie que prit fin une soirée dont le souvenir reste parmi les plus agréables qu'emportèrent les représentants de la Ville de Paris.

LA VILLA MÉDICIS

ET LE PALAIS DES BEAUX-ARTS.

La dernière journée du séjour du Président de la République à Rome fut consacrée à la visite de la Villa Médicis & à l'inauguration de l'exposition historique des « Prix de Rome », au Palais des Beaux-Arts.

Le Président, accompagné de M. Delcassé & de l'Ambassadeur de France, M. Barrère, fut reçu à la Villa Médicis par le Directeur, M. Guillaume, les pensionnaires & les membres correspondants de l'Institut de France.

Sous la conduite du Directeur, le Président de la République visita les différentes salles de la Villa &, rencontrant dans la bibliothèque le Prince Colonna, syndic de Rome, le Président du Conseil municipal de Paris & le Président du Conseil général de la Seine, il leur serra la main & eut avec eux un entretien, au cours duquel il félicita de nouveau le Prince Colonna sur la splendide réception de la veille & sur l'incomparable spectacle que, grâce à la Municipalité, il avait eu le plaisir de contempler des fenêtres du Capitole.

Cette visite terminée, le cortège se dirigea vers les magnifiques jardins qui sont la parure de la Villa Médicis.

Devant les pelouses & face à l'édifice se dressait le modèle en plâtre de la statue de Victor Hugo, offerte à la Ville de Rome par la Ligue franco-italienne. Autour du piédestal se tenaient les membres de la Ligue & parmi eux M. Lockroy, vice-président de la Chambre des Députés, M. Beauquier, sénateur, les Généraux Türr & Pittaluga.

M. Lockroy prononça un discours auquel le Président répondit en s'associant à l'heureuse manifestation de la Ligue franco-italienne, qui s'était faite ainsi l'interprète de la pensée unanime du peuple français & avait certainement répondu au sentiment presque général du peuple italien.

Après les discours prononcés par M. Guillaume, par M. Beauquier, puis par le Général Pittaluga, président de la Société franco-italienne, le Président de la République fut

IMPRIMERIE NATIONALE.

conduit au buffet dressé dans la salle à manger des pensionnaires.

M. Guillaume porta un toast en son honneur & le remercia de sa visite dont l'Académie de France garderait toujours le précieux souvenir.

En quittant la Villa Médicis, le Président de la République, salué sur tout le parcours par les applaudissements de la foule qui se pressait sur son passage, se rendit au Palais de l'Exposition des Beaux-Arts, où il fut reçu par M. Orlando, ministre de l'Instruction publique, le Comte di San Martino, président de l'Exposition, & tous les membres du Comité. Un nombre considérable d'artistes italiens & français assistaient à la cérémonie.

Le Comte di San Martino prononça en français un discours éloquent qu'il termina en remerciant le Président de la République d'avoir bien voulu inaugurer l'Exposition & de donner ainsi aux efforts des artistes une consécration dont ils sentaient tout le prix.

Le Président répondit en se disant heureux de voir l'affection & la sympathie que se manifestaient réciproquement les artistes italiens & français. Grâce à cette fraternité, qui honore également les deux pays, ils ont facilité une union dont les manifestations éclatantes viennent de signaler le séjour du Représentant de la France au milieu du peuple italien.

La cérémonie se termina par la visite des œuvres exposées dans la salle affectée spécialement aux « Prix de Rome ».

Le Comte di San Martino, avec une érudition remarquable

ROME

Le Prince Colonna, syndic de Rome,
M. Deville, président du Conseil municipal de Paris,
& M. E. Caron, président du Conseil général de la Seine,
à la Villa Médicis

(27 avril 1904)

Cliché Paul Boyer

Imp. Ch. Wittmann

& un goût sûr, dirigeait cette visite en appelant l'attention du Président de la République & des représentants de Paris sur les plus intéressantes de ces œuvres.

Le soir eut lieu au Palais Farnèse le dîner offert par le Président de la République à LL. MM. le Roi & la Reine d'Italie.

Ce dîner fut suivi d'une imposante réception à laquelle prirent part les membres du Gouvernement, le Corps diplomatique, les dignitaires de la Cour, les attachés militaires, les membres du Parlement.

Le Président du Conseil municipal de Paris eut l'occasion d'y saluer une dernière fois le Président de la République & de prendre congé de lui avant son départ, qui avait lieu le lendemain.

LE RETOUR À PARIS.

Le Président du Conseil municipal quitta Rome le 28 avril par le train de 8 heures du matin.

Il fut accompagné à la gare par le Prince Colonna qui, jusqu'au départ, se tint sur le quai, échangeant avec son collègue parisien les plus vifs remerciements pour les agréables journées qu'il leur avait été donné de passer ensemble.

M. Dervillé, président du Conseil d'administration, & M. Noblemaire, directeur des Chemins de fer de Paris-Lyon-Méditerranée, qui regagnaient également la France, prièrent le Président du Conseil municipal de Paris de prendre place dans leur wagon spécial, & le convièrent ensuite à un déjeuner dans le wagon-restaurant.

On voyagea ainsi de compagnie jusqu'à Pise, où le Président du Conseil municipal quitta MM. Dervillé & Noblemaire pour rentrer directement & sans arrêt à Paris, ayant eu ainsi une dernière marque de l'amabilité des administrateurs des grandes Compagnies de chemins de fer qui, en France & en Italie, n'avaient cessé d'unir leurs efforts pour faciliter & rendre agréable le voyage des Représentants de Paris.

M. Deville ne put visiter Gênes, malgré l'invitation que lui avait adressée le Syndic, M. Boraggini, le 2 avril, c'est-à-dire à une époque où l'itinéraire du voyage était définitivement fixé.

Cette invitation, conçue dans les termes de la plus cordiale sympathie, ne put être acceptée en raison du peu de temps dont disposait le Président du Conseil municipal. Ce dernier fit savoir à M. Boraggini quels regrets il éprouvait de ne pouvoir s'arrêter dans cette belle & industrieuse ville, dont les généreux sentiments exprimés par le Syndic annonçaient le chaleureux accueil.

Le Président du Conseil municipal arriva à Paris le 29 avril, dans l'après-midi, & fut reçu à la gare par M. Achille, vice-président, venu à sa rencontre avec plusieurs de ses collègues.

En remerciant spécialement M. Achille de sa démarche & des diverses communications heureuses par lesquelles il avait associé les conseillers municipaux restés à Paris à leurs représentants, M. Deville, s'adressant à ses collègues en présence des journalistes, tint à prononcer ces paroles par lesquelles nous terminons & qui justifieraient au besoin cette relation :

Nous avons fait de notre mieux pour vous représenter. Nous nous considérons comme ayant été les témoins plutôt que les héros de manifestations sympathiques & enthousiastes. C'est la Ville de Paris, c'est le Conseil municipal tout entier qui ont été reçus, fêtés, acclamés en Italie, & il ne faudra pas perdre le souvenir d'une aussi éclatante manifestation d'amitié.

TABLE DES MATIÈRES.

www.ingramcontent.com/pod-product-compliance
Lightning Source LLC
Chambersburg PA
CBHW051243050726
47594CB00001B/290
* 9 7 8 2 0 1 3 0 2 0 8 9 3 *